EBS 30일 인문학

처음 하는 철학 공부

EBS 30일 인문학

처음 하는 철학 공부

윤주연 지음

EBS BOOKS

여는 글

'철학'이라 하면, 대부분은 현실과 동떨어져 있어 실용적이지 않거나 어려워서 이해하기 힘들다고 생각할 것이다. 사실 철학자들이 쓴 글을 읽고 이해하기는 어렵다. 몇 장을 읽어내기도 버거울 수 있다. 그런데 철학자들이 쓴 책을 읽어 이해하고 그들이 구축해둔 개념을 자유롭게 사용할 수 있는 것만을 철학이라고 한다면, 이는 아주 좁고 학적인 의미일 것이다. 우리는 철학자들이 쓴 책을 이해하기 위해서만 철학을 알고자 하고 공부하는 게 아니다.

철학의 어원, 필로소피아는 필로(Philo: 사랑)와 소피아(Sophia: 지혜)의 합성어로 '지혜를 사랑한다'는 뜻이다. 국어사전에서 '철학하다'를 찾아보면, "자신의 경험 등에서 얻어진 세계관이나 인생관의 궁극적인 근본 원리를 추구하고 탐구한다"는 풀이가 나온다. 종합해보면, 지혜를 추구하고 이를 얻기 위해 생각하고 탐구하는 것이 철학이고 철학하는 태도이며 첫걸음이다. 철학의 시작은 '나'와 '나를 둘러싼 세계에 대한 관심과 호기심'이다. 인간은 "나는 누구인가?" "이 세상은 왜 이런가?" 하는 종류의 근본적 질문을 던지는, 던질 수밖에 없는 존재다. 이런 질문을 던지고 이에 대한 답을 추구하는 게 철학이므로, 철학은 우리와 유리된 채 저기 어디 높은 곳에 있는 게 아니다.

우리는 살면서 다양한 고민거리에 휩싸이고 끊임없이 문제에 부딪힌다. 철학은 이를 어떻게 생각하고 풀어나가야 하는지에 대한 해결의 실마리를 제공할 수 있다. 하지만 막상 철학을 공부하려 하면 어디서부터 어떻게 시작해야 할지 막막할 정도로 철학은 방대하다. 철학을 모든 학문의 뿌리라고 하지 않는가. 그런데 아무리 방대하고 어렵고 복잡하다고 해도 차근차근 풀어나가다 보면 나아갈 길이 보이게 마련이다. 철학을 공부하는 여정에서 나침반이 되어줄 길잡이 같은 책이 한 권 있다면 더욱 든든할 것이다. 이 책의 목적이 바로 믿음직한 길잡이 역할이다.

철학이라는 방대한 학문에 접근하는 방법으로 이 책에서 선택한 길은 '1일 1키워드' 형식으로 30일간 철학사를 훑어보는 것이다. 30개의 주요 키워드를 중심으로 하루하루 맥락을 짚어가며 읽다 보면, 마지막 날인 30일째에는 고대부터 현대까지 철학 사상(思想)의 한 흐름을 파악할 수 있다.

〈EBS 30일 인문학〉 시리즈는 철학, 역사학, 심리학, 정치학, 사회학 등 인문학의 근본이 되는 지식을 간단하게 정리해보자는 취지에서 기획했다. 이 시리즈를 여는 첫 책은 모든 학문의 근원인 철학이다. 철학의 세계로 떠나는 여행, 오늘부터 1일이다. 마지막 30일까지 이 책을 길잡이 삼아 목적지에 잘 도착하시기를 바란다.

차례

2장
중세
인간에게 신이라는 존재는 무엇일까?

3장
근대
인간의 이성은 우리 삶에 어떤 역할을 할까?

4장

근대와 현대 사이의 과도기

인간의 이성은 어떻게 무너졌을까?

5장

현대

더 나은 공존의 방법은 무엇일까?

1장

고대 이전과 고대

세상의 모든 존재는 어떻게 생겨났을까?

교부철학*이 유행하기 시작한 2세기 이후를 중세로 구분하고 그 이전을 고대로 보자면, 기원전만이 아니라 기원후 2세기 무렵까지를 고대 철학으로 생각하는 것이 일반적이다. 이 시대가 철학은 물론 모든 학문에 미친 영향은 말 그대로 절대적이다. 후대의 학문은 사실상 고대 철학을 기반으로 발전해왔다고 보아도 무방할 것이다.

고대 철학은 무에서 유를 일궈낸 우수함 외에도 '실천 중심'이라는 특징을 지닌다. 고대 철학자들의 사상은 이론으로 논의하는 데서 그치지 않고 공동체 속에서 실제로 행해지기도 했다. 일례로 에피쿠로스학파나 스토아학파라 하면 그 학풍을 실천하는 공동체를 의미한다. 플라톤의 '이데아' 역시 사상으로만 이해하기 쉽지만, 플라톤은 자신이 개설한 철학학원 '아카데메이아'에서 궁극적으로 추구하는 이상국가를 위한 인재를 양성했다. 간과하기 쉬운 이 전통을 유념하면서 이제 고대의 '핵심' 논의들을 만나보도록 하자.

* 고대 그리스도교 교부들의 철학과 사상 등을 주로 연구하는 학문. 2세기경부터 시작되어 7~8세기까지 이어졌다.

1일

오늘의 키워드: 기원

우리는 어디에서 생겨나 어디로 가는가?

철학의 조상들

#탈레스 #밀레토스학파 #아낙시만드로스 #피타고라스 #헤라클레이토스 #프로타고라스

"만물의 근원은 ○○○이다!"

우리에게 잘 알려진 이 그림은 후기인상파 화가 폴 고갱(1848~1903)의 생애 말기 작품(1897~1898)이다. 그림의 제목 〈우리는 어디서 왔는가? 우리는 무엇인가? 우리는 어디로 가는가?〉라는 존재에 대한 질문은 고갱의 그림보다 훨씬 더 우리에게 익숙하다.

철학은 이 질문에서 시작되어 오늘까지 같은 맥락으로 이어진다. 만물의 생성 근원은 무엇인지, 만물을 이루는 성분은 어떻게 무엇으로부터 창조되었는지, 자연에서 발견되는 사물들의 다른 성질은 어떻

게 자리 잡게 되었는지, 밤과 낮 그리고 계절처럼 반복되는 자연의 법칙들은 어떻게 이런 체계를 가질 수 있는지 등, 존재의 기원과 자연의 질서에 대한 철학적 주제는 사실 고대 이전부터 오늘까지 여전히 계속되고 있다.

우리가 서양 철학의 아버지 정도로 알고 있는 소크라테스 훨씬 이전부터 인류 역사가 출현한 이래로 불확실한 우리 존재의 기원과 특성을 이해 가능한 범주로 설명해내려는 치열한 노력들이 있었다. 그 노력은 경이롭게도 생물과 우주, 대기와 원소 등 천체의 섭리를 아우르는 광범위한 것으로 오늘날의 수학과 천문학, 미학, 의학, 지리학, 논리학, 윤리학 등 모든 학문의 기초가 되었다. 그래서 철학을 메타학문이라고 한다. 오늘날 우리가 배우는 모든 학문의 실제 기원이기 때문에 각 교과, 학과의 맨 위에는 철학자들이 자리한다고 볼 수 있다.

"만물의 근원은 '물'이다!"라고 주장한 탈레스(Thales, BC 624?~BC 547?)는 현재 기록으로 남은 가장 오래된 철학자다. 기록상 '우주의 만물은 무엇에서 기원했을까?'라는 근원에 대한 질문을 처음으로 제기한 탈레스는 행성과 별자리 위치 등 천체의 구조와 직각과 원주율에 대한 수학적 체계를 제시했음은 물론 역사와 정치 등에 광범위한 학문적 영향을 준 인물로, 후대의 아리스토텔레스 또한 그를 철학의 아버지라 칭했다.

소크라테스보다 무려 200여 년 전 인물인 그는 지구를 우주의 물 속에 떠 있는 개념으로 보았고, 모든 생명체의 구성 안에 물이라는 습기를 전제하며 물을 가장 근원적 에너지로 간주했다. 이렇듯 당시의 신화에서 벗어나 자연 안에서 존재를 규명하려 한 탈레스의 철학적 사고는 그의 고향 밀레토스의 지명을 딴 밀레토스학파에 의해 계승되었다. 오늘날까지도 사실상 생물의 근원으로서 물은 여전히 유효한 가능성으로 연구되고 있다.

BC 6세기 아낙시만드로스(Anaximandros, BC 610?~BC 546?)는 탈레스의 영향을 받은 학자였으나 만물의 근원을 불멸의 성질을 지닌 '아페이론(apeiron)'이라고 보았다. 아페이론은 주어진 상황에 따라 물이 되기도 하고 불이 되기도 하는 등 그 성질이 조건에 의해 변화하고 계속 환원되는 것으로, 자연을 설명하는 개념이다. 또한 그는 지구가 둥글다는 가정하에 천체의 과학을 연구하기도 했다. 수학도 과학의 체계도 갖춰지지 않았던 시기에 성분의 변화를 주목하다니, 정규 교육과정을 통해 시험까지 치르며 배우고도 영화 〈마션〉■에서 맷 데이먼이 공기를 이용해 물을 만들고 감자를 키워내는 장면을 보면서 과장이 심하다고 조소했던 나는, 몇천 년 전 아낙시만드로스의 사고 관점에서는 원시인인 셈이다.

우리에게 수학 공식으로 친숙한 피타고라스(Pythagoras, BC 580?~BC 500?)도 기원전 인물이다. 피타고라스는 세상을 '수'의 체계로 바라보았다. 우리 귀에 들리는 소리는 공기의 진동에 의한 것이라는 전제하에 진동을 빠르게 하거나 느리게 하면 소리의 높낮이를 조절할 수 있다는 원리로 경이롭게도 지금의 음계를 만들었으며, 아름다움이라는 미적 균형 역시 수의 조화로 설명했다. 그리고 직각삼각형 두 변의 곱이 삼각형의 면적이 된다는 법칙에서부터 사인과 코사인 법칙, 단위와 측량에 이르기까지 수를 통해 가공할 만한 논리적 이론체계를 구축했다. 지금까지 고스란히 수학, 음악, 공학 안에서 쓰이고 있는 지식이 기원전 사모스섬에서 출생한 한 학자의 산물이라니! 그의 이토록 앞선 지식은 당대에도 대단히 존경받았다고 한다.

피타고라스의 의의는 단순히 학문적인 것에 그치지 않는다. 신화가 일상의 삶 저변에 영향을 미치던 당대에 불이나 물, 공기 등 자연에 존재의 기원을 묻던 철학이 아닌 세상의 '원리'와 '질서'에 주목했

■ 환경오염 때문에 망가진 지구의 대안으로 우주 개척 과정을 그린 영화다.

기 때문이다. 피타고라스는 '수'를 세계 질서의 조화로 파악했으며, 그에게 '조화로움'은 자연의 근원을 넘어 모든 가치에 대한 기준이었다는 면에서 오늘날에도 의미를 지닌다.

또 만물의 근원을 타오르고 꺼지는 '불'의 리듬 속에서 공기, 바람, 물, 흙, 영혼으로 순환하는 것이라 주장한 헤라클레이토스(Heracleitos, BC 540?~ BC 480?)는 대립과 충돌에서의 조화, 다원성과 통일성의 관계 등에 대한 철학적 주제를 탐구했다. 그의 주장은 이후 철학자들 사이에 지속되어온 주제이자 현재 시대의 화두이기도 하다. 변화하는 세계 속 유동적인 인간에 대한 그의 관점은 "같은 강물에는 발을 두 번 담글 수 없다"는 그의 명언과 함께 변화하는 세계 속 자유의지의 실현을 주장한 헤겔, 후설, 들뢰즈 등의 후대 철학사상에 큰 영향을 미쳤다.

프로타고라스(Protagoras, BC 485?~BC 410?)는 최초의 소피스트로 기록된 인물이며 "인간은 만물의 척도다!"라는 단순하고도 심오한 명제를 남겼다. 지금은 '소피스트'에게 궤변론자라는 부정적 프레임이 씌워졌지만, 당시에는 이성적이고 합리적인 사고에 근거해 기존 가치체계를 비판하고 대안을 고민하던 '지성인들'을 일컫는 명칭이었다. 그리스가 어떤 나라인가. 제우스와 헤라, 포세이돈과 큐피드 등 신들 중심의 문화와 신탁의 법이 지배하는 나라에서 프로타고라스는 신화의 습속에 대항해 주체적인 인간의 이성과 책임을 환기하며 철학 본연의 사고를 추구했다.

이렇듯 소크라테스라는 철학의 대명사 한참 전에도 세상을 여러 시각(물, 공기, 수, 불, 인간 등)에서 성찰하고 설명하고자 했던 철학자들이 있었고, 그들 나름의 진리는 오늘날까지 유의미한 시사점을 지닌다. 우리 시대에도 진리에 대한 질문은 여전히 진행 중이며, 내일이라는 미래는 그런 질문들에 의해 다양한 양상으로 전개될 것이다.

세상과 인간에 대한 여러분의 관점은 무엇인가? 사랑? 가족? 땅? 돈? 그것이 무엇이든 진지한 질문과 사고가 있다면 그것이 여러분의 철학이 된다. 여러분의 철학이 증명을 통해 지속되면 저들처럼 시간을 타고 미래까지 이어져 후세의 많은 이들이 그 통찰에 감탄하게 될지도 모른다.

고대철학연보

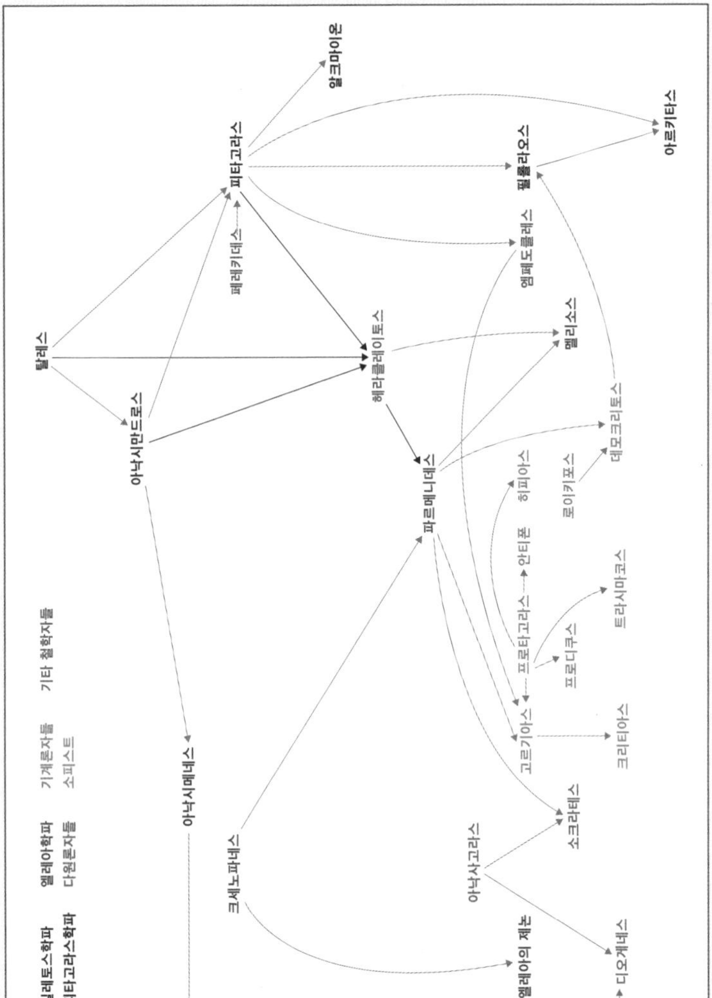

참고: 고대철학연보

2일

오늘의 키워드: **자기이해**

진정한 앎이란 무엇인가?

소크라테스

#플라톤 #아테네 #스파르타 #펠로폰네소스_전쟁 #진리 #머쉬베놈

"너 자신을 알라!"

앞에서 얘기한 대로 소크라테스(BC 470?~BC 399?)는 철학의 대명사 격이다. 그러나 소크라테스는 직접 쓴 글을 남기지 않았다. 오늘날 그에 대한 주요한 기록은 거의 대부분 그의 제자 플라톤(BC 427?~BC 347?)이 남긴 것인데, 그렇다고 플라톤이 자의적 견해로 쓴 것은 아니다. 플라톤 외에 소크라테스에 관해 기록한 크세노폰, 아리스토텔레스, 에라토스테네스 등의 저작에도 플라톤이 묘사한 소크라테스의 일화와 위용이 그대로 담겨 있다. 소크라테스에 관한 기록으로 그의 이미지를 한번 구성해보자.

기록에 의하면 1) 조각가인 아버지와 산파인 어머니를 둔 서민 가정에서 태어났다. 2) 못생겼다. 3) 평생 가난했고 권력이나 부와는 거리가 멀었다. 4) 용모단정한 귀족 젊은이들이 늘 쫓아다녔으며 이들은 몇 날 며칠 소크라테스와 토론하며 옆에 있기를 즐겼다. 5) 이미 알고 있다고 생각하는 개념에 대해 계속 질문을 이어가는 방식으로 개념의 본질을 일깨우게 했다(산파술). 6) 젊은이들을 현혹한다는 죄명으로 재판에 회부되어 사형을 당했다. 7) 권력을 가진 지인들이 국외로 도피할 것을 권유했으나 "폴리스의 모든 시민이 그렇게 행동한다면 폴리스는 존재할 수 없다"며 사약을 받아들였다. 8) 가장 오래된 유행어 "너 자신을 알라" 한 문장으로 전 세계에서 압도적인 인지도를 자랑하는 철학자로 자리 잡았다.

기록을 통해 유추할 수 있는 그의 이미지는 평생 부와 권력에 연연하지 않은 소신 있는 현자의 모습이다. 그렇다면 그 소신은 무엇에 대한 소신이었을까? 소크라테스가 했던 말 중 우리에게 가장 많이 알려진 문구는 "너 자신을 알라"일 것이다. 그가 추구한 소신이 '너'라는 '자신'의 '본질'을 알라는 것, 즉 깨우침으로서의 앎에 대한 것이라면 그 시대의 앎이라는 본질에 대한 소크라테스의 개탄하는 마음이 짐작이 가기도 한다.

소크라테스가 태어났을 당시 아테네는 전쟁으로 시민의 삶을 황폐화하는 정치체제에 반대하는 시민들에 의해 시민이 직접적 의

결권을 가지는 최초의 민주주의가 시행되고 있었다. 그러나 BC 431~BC 404년 스파르타의 침범으로 일어난 펠로폰네소스 전쟁▪ 이후 아테네의 민주정은 점차 쇠퇴하기 시작한다. 소크라테스 역시 전쟁에 세 번이나 참전했다고 하니 그 전쟁의 지난함을 짐작할 수 있다. 펠로폰네소스 전쟁에서 패배한 아테네는 그곳에 주둔하는 친스파르타 세력에 의해 국민 간 대립이 첨예해지고, 급속도로 황폐해진 사상과 문화 속에서 나날이 쇠약해졌다(을사조약 이후 국내 친일파들에 의해 국권이 허수아비가 된 것을 생각하면 상황이 충분히 짐작된다).

이 무렵을 전후로 그리스에 모여든 '지혜의 전도사' 소피스트들은 '정의'의 관점을 제각각 주장하고 설파했다. 당시는 시민들이 법정에서 직접 자신을 변호해야 하는 논쟁의 시대였고, 이에 소피스트들은 논점을 자기중심적으로 끌어갈 수 있는 언변의 기술을 시민들에게 가르쳤다. 이들은 주로 상대가 내세우는 입장에 대해 감정을 연기하고 말로 상대를 먼저 제압하거나 일단 반대되는 입장을 취한 뒤 비형식적 오류나 사소한 논증을 통해 상대를 공격하는 방식, 즉 말로 정의를 만들어내는 일에 주력했다. 당시 젊은이들에게는 어마어마하게 비싼 수강료를 내고 유명 소피스트들에게 언변술을 배우는 것이 하나의 '스펙(spec)'이었을 정도로 이 시기 소피스

▪ 아테네와 스파르타가 각각 동맹을 거느리고 싸운 전쟁이다. 스파르타의 승리로 끝났으며 고대 그리스가 쇠망하는 원인이 되었다. 아테네는 민주정치를 스파르타는 과두정치를 시행하고 있었기에 이 전쟁은 두 정치체제의 싸움이기도 했고, 각 폴리스 내부에서도 이 두 체제의 싸움이 계속되었다.

트들은 크게 활약했다.

소크라테스가 추구한 바는 소피스트들에 의해 수시로 교묘하게 코에 걸렸다 귀에 걸리는 대상의 '본질'에 관한 소신이었을 것이다. 본질을 일깨우기 위한 소크라테스의 질문 방식을 산파술이라 하는데, 이는 생명을 낳도록 곁에서 돕는 산파처럼 상대를 향한 질문을 통해 말하는 이가 더 객관적 정의에 이르도록 돕는 방식이기에 붙은 명칭이다.

소크라테스가 주인공으로 등장하는 현존하는 플라톤의 작품들에는 소크라테스의 대화체를 고스란히 취한 일화들이 소개되는데, 그중《향연》■의 내용이 특히 인상 깊다. 디오니소스 축제에서 벌어진 '비극 콘테스트'에서 우승한 아가톤(비극작가)은 자신의 저택에서 명사들과 축하연을 벌인다. 여느 날처럼 소크라테스는 아틀리에의 술 항아리 근처에서 명사들에게 둘러싸여 토론 중이었는데, 이날의 주제는 '사랑'이었다. 에뤽시마코스, 아리스토파네스, 알키비아데스, 디오티마 등 참석자들은 제각기 사랑에 대한 자신의 정의를 펼친다.

첫 번째 연사인 파이드로스는 사랑을 강한 에너지로 설명한다. 그는 신들 사이에서 사랑의 신 에로스가 차지하는 지위를 강조하며 남녀가 사랑에 빠지면 그 에너지가 무척 강하기 때문에 그들로 군대를 만들어 전쟁에 내보내도 된다고 말한다. 아리스토파네스는 인간의

■ 플라톤 저, 이제이북스, 2010, p. 129~131 참조. 향연(Symposion)이란 소크라테스 당시의 토론모임으로 술과 음악 속에서 며칠씩 밤낮으로 이어지는 낭만적인, 그러나 중요한 공론장의 성격으로 묘사된다.

원래 모습에 기원을 두고 남남, 남녀, 여여가 제우스에 의해 갈라졌기에 우리는 자신의 반쪽을 찾기 전에는 외로운 존재이므로 반쪽을 찾아야 한다고 말한다. 알키비아데스는 늘 출중한 용모로 묘사되는 당시 미소년의 상징답게 사랑은 '아름다움'이라며 화려한 미사여구로 사랑을 칭송한다. 한창 분위기가 무르익을 무렵 소크라테스는 '그렇다면 아름다움이란 무엇인지' 그 본질을 묻는다. 이로써 이들의 논의 속에서 아름다움은 육체의 아름다움에서 정신적 아름다움으로 고양되고, 또 정신적인 것에 그치지 않고 삶의 결과로 형상화된다. 그 논의에서 정의된 사랑은 과정에서 함께 값진 결과를 도모하는 것이다. 요즘처럼 사랑이 쉽고 흔한 세상에 소크라테스의 문장은 매우 심오한 울림으로 남는다. 정신적 아름다움을 도모하면 그로 인해 값진 결과가 남는다니, 말초적 호기심과 흥분으로 이어가다가 후회로 남는 수많은 관계들을 한순간에 정리해주는 문장 아닌가!

소크라테스는 이렇듯 모든 세상 사물의 논의가 사고를 통해 본질에 이르도록 하는 철학의 사유를 실천했다. 오늘날 철학의 전통을 소크라테스에 두는 이유는 정의에 대한 논리적 고찰이 소크라테스 이래로 철학의 전통으로 단단히 다져졌기 때문이다. 따라서 철학은 하나 마나 한 소리가 아닌 철저한 '논리학'이자 그 논리를 행동으로 이어가는 학문이다. 진리를 향한 그의 사상은 플라톤의 이데아론으로 이어졌고 이후 서양 철학사 전반에 영향을 미쳤다.

그가 당대 사람들에게(특히 그리스의 미래를 이끌어갈 청년들에게) 몇

날 며칠 밤을 새워가며 토론을 통해 알려주고 싶었던 것은 무엇일까? 주변 평가에 의해 달라지는 것도 아니고 말하기 나름인 것도 아닌 모든 개체가 가진 본질, 즉 어느 것에도 희석되지 않는 고유한 진리를 알아가는 사유의 방법과 힘일 것이다. 세 차례 전쟁에 출선해 참여하고 죽음까지도 담담히 받아들인 소크라테스의 선택은 '공동체라는 본질'에 대해 그가 찾은 가치를 스스로 실천한 것이었다.

소크라테스의 삶을 우리에게로 가져와 생각해보자. 우리가 지금 맹목적으로 좇는 세상의 스펙들이 내 본질을 실현하는 내 삶의 진리일까? 래퍼들의 경연 프로그램 〈쇼미더머니〉를 보면 참가자들의 가사 속에서 치열한 자기의식을 느낄 수 있다. 그들의 랩 속에는 사회현실, 희망과 의지, 계획, 좌절과 아픔 등 자신의 고유한 이야기들이 들어 있다. 〈쇼미더머니 9〉에는 확실한 자기 색깔을 가진 일명 '충청도 랩'으로 인기몰이 중인 머쉬베놈이 출연했다. 그는 첫 무대의 〈몰러유〉부터 확실한 임팩트를 전하며 무대마다 기대를 저버리지 않고 입에 착착 붙는 랩과 환상적인 무대연출로 뜨거운 호응을 얻었다.

"난 몰러유 그딴 거 나는 잘 몰러유/ 구시렁 시부렁 몰러유/ 공무원 언제쯤 붙어유/ 듣기가 싫음 좀 붙든가/ 가문의 역적에서 한방에 역전!" 머쉬베놈 특유의 구성진 목소리와 발음은 한 번만 들어도 귀에 착 달라붙는 중독성이 있는데, 학창 시절에는 오히려 약장수 아저씨 같은 목소리 때문에 놀림을 많이 받았다고 한다. 그러나 머쉬베놈은 '랩에 어울리지 않을 것 같다'는 그 구성진(?) 목소리를 오히려 자신을 어필할 콘셉트로 삼았다. 그리고 예상대로 요즘 행사무대 섭외 1순위로 이른바 '영보스(젊은 대표)'의 반열에 올라 있다. 그의 포인트는 결국 타인의 평가에 휘둘리지 말고 스스로 자기 자신에 대한 성찰을 행하라는 것이다.

3일

오늘의 키워드: 진리

세상은 다 가짜야. 진짜는 저 위에 따로 존재한다고!

플라톤

#이데아 #아카데메이아 #국가 #소크라테스

"나에게 이미 알려진 진리라면 그것은 추구될 수 없다."

플라톤은 명실공히 서양 철학사에 가장 큰 영향을 준 철학자다. 그는 왕족가문의 아버지와 당대 막강한 정치가문 '솔론' 집안의 어머니를 둔 화려한 출생 배경을 시작으로, 소크라테스의 제자이자 아리스토텔레스의 스승이라는 압도적 프로필을 자랑한다. 게다가 세계 최초 고등교육 기관 '아카데메이아'를 아테네에 세운 인물이기도 하다. 영국의 철학자 화이트헤드(Alfred North Whitehead, 1861~1947)는 플라톤의 이런 압도적 영향력을 "서양의 2,000년 철학은 모두 플라톤의 각

주에 불과하다"라고 정리했다. 그의 말처럼 플라톤의 사상을 접하고 나면 다른 철학자들의 윤리, 정치, 이념 등등에 대한 각각의 주장에서 신기하게도 플라톤 사상이 오버랩되는 경험을 할 수 있다. 그러니 철학에 관심이 있다면 플라톤의 사상을 먼저 살펴보자.

우리는 철학 이론 곳곳에서 플라톤의 모습을 볼 수 있고 그의 이름도 친숙하지만, 정작 소크라테스의 제자이자 아리스토텔레스의 스승, '이데아' 정도 외에 딱히 그에 대해 아는 게 없기도 하다. 아테네 명문가에서 태어난 플라톤은 패기 넘치는 청년이었으나 존경하는 스승 소크라테스의 억울한 죽음을 목도하고 큰 충격을 받는다. 이 일로 정치에 환멸을 느낀 플라톤은 당시 전도유망한 젊은이들의 성공을 위한 수순인 정치가로서의 꿈을 버리고 이 세상의 '정의(正義)'에 몰두한다. 이후 지중해 연안을 떠돌며 키레네학파의 쾌락에 대한 절제적 해석과 피타고라스학파의 공통체 정신 등 다양한 사상의 영향을 받아 플라톤 자신의 철학을 세우게 되는데, 이것이 우리가 익히 들어온 이데아론이다.

플라톤의 대표적 사상인 이데아론은 다른 말로 원형이론(原形理論) 또는 형상이론(形相理論)이라고도 한다. 그의 이데아론에 따르면 이 세상과 이 세상의 존재들은 모두 완전한 것이 아니라 진짜 존재하는 원형 세계의 복사체다. 즉 완전한 원본, 원형의 세계가 분명 존재하고 현실은 그 원본 세계를 가정한 채 살아가는 곳이라는 것이다.

이를 쉽게 설명하기 위해 우리가 삼각형을 그리거나 조각상을 만들 때 가정하는 절대적 원형을 예로 들어보자. 우리 손을 거쳐서 나오는 삼각형과 조각상 등은 그 원형과 닮았을 뿐 절대 원형은 아니다. 만약 기계로 똑같이 찍어낸다 해도 마찬가지다. 똑같이 찍혀 나오는 삼각형조차 자세히 살펴보면 진하기와 굵기 등에 미세한 차이가 있을 수밖에 없다. 그럼에도 우리는 완전한 직선, 완전한 삼각형이 있음을 부정하지 않으며 그 존재를 염두에 두고 계산도 하고 현실에 적용한다. 이렇듯 현실에서 원형을 직접 눈으로 볼 수는 없지만 그 존재를 인정하고 있기에, 결국 우리는 모두 플라톤의 이데아론을 지지하는 이상주의자인 셈이다.

플라톤은 이 원형을 이루는 궁극적 원리를 '선(善)의 이데아'로 보았는데, 이는 현재 우리가 생각하는 '진리'의 의미와 가깝다. 선의 이데아는 진리가 선한 원리 속에 있다고 주장하는데, 그의 스승 소크라테스가 내내 이야기하던 것과 같다. 플라톤은 인간이 이성(理性)의 단련에 의해 그 원형에 가까워질 수 있다고 보았고, 인간을 순수한 이성이 도달할 수 있는 영혼과 감각적 본능을 추구하는 육체가 결합된 이원적 존재로 간주했다.

플라톤 이론의 정수가 녹아 있는 총 10권으로 구성된 저서 《국가》에서 그는 인간의 이성의 덕을 '지혜', 정욕의 덕을 '절제', 이성의 명령에 따라 정욕을 억압하는 기개의 덕을 '용기'라고 적었다. 그리고 '올바름(또는 정의)'이란 여러 덕이 알맞게 그 기능을 발휘할 때의 상태를 말한다. 그는 이러한 덕론을 통해 인간 개인의 윤리학을 논했다.

그러나 정의의 실현은 개인이 덕을 달성하는 것으로는 이루어지지 않는다며 사회 전체의 윤리설을 주장했다. 그것이 '국가(Politeia)'론이다. 그는 사회 전체가 정의를 실현한 이상적인 상태를 최고의 국가로 보았다. 플라톤의 국가론은 이후 보게 될 홉스, 헤겔 등 중세, 근대, 현대에 이르기까지 정치철학의 근간이 되어 영향을 미친다. 그는 여러 차례에 걸친 아테네의 전쟁을 겪으며 이상적인 국가의 중요성을 늘 강조했다. 플라톤은 이상국가의 형태를 실현하고자 시칠리아 시라쿠사의 귀족 디온의 권고를 받아들여 시칠리아의 참주 디오니시오스 1세의 초청에 응했다. 그러나 그가 이상국가에서 가장 중요하게 생각하는 통치자의 요건을 저버린 디오니시오스 1세의 과두정치(권력을 독점하고 행사하는 독재정치)에 크게 실망해 언쟁을 벌이다 디오니시오스 1세의 분노를 사서 고국으로 돌아와야 했다.

이후 아카데메이아 학원을 건립하고 20년간 묵묵히 제자 양성에 힘쓰며 저작에 몰두했다. 《향연》《파이돈》《국가》《파이드로스》 등 그의 주요 저술이 이때 이루어졌고, 오늘날 대학교(아카데미)의 전신인 이 학원은 종교적 압력으로 폐교되는 529년까지 그 명성을 이어갔다.

BC 367년 디오니시오스 1세가 죽자 디온은 플라톤에게 조카 디오니시오스 2세의 교육을 부탁했다. 이에 플라톤은 다시 시칠리아로 향했으나 이미 시칠리아는 정치적 파벌로 분열된 상태였다. 게다가 디온마저 추방된 상황이어서 그는 제대로 뜻을 펼치지 못하고 씁쓸히 아테네로 돌아와야 했다. 《국가》의 공고한 철인통치 사상은 결국 현실에서 실현되지 못했고, 이후 플라톤은 저작에 몰두하다 81세에 세상을 떠났다.

오늘날 우리 삶에 플라톤의 공헌이 없는 부분이 있을까? 사회제도, 정치, 예술, 윤리 등 모든 영역에 실로 방대한 업적을 남긴 플라톤이지만 특히 교육 부문에서 그의 혜안은 더욱 존경스럽다. 플라톤의 교육은 평생교육의 관점이며, 출생부터 50세 이후까지를 나이별로 구분해 단계마다 언제 무엇을 익히고 어떻게 이룰 것인지를 세세하게 구분해두었다. 그는 3세 이전까지의 유아기는 성격 형성에 중요한 시기이므로 습관을 잘 들여야 한다고 주장했고("유아기는 그 어느 시기보다도 습관에 의해 성격이 뿌리를 내리게 된다"), 아동기에는 이성이 성숙하지 않았기에 주로 음악이나 스포츠 등에 중점을 두고 또래와 어울리며 사회성 발달을 이루어야 한다고 했다. 청년기가 되면 최고 국면인 이성이 비로소 나타나기 시작해 이성적 비판적 사고를 할 수 있으므로 사고에 도움이 되는 학문에 중점을 두어야 하며, 50세 이후부터는 평생토록 궁극적으로 선의 이데아를 연구하고 정치를 맡으며 후진을 교육하고 가치 있는 노년을 보낼 것을 권고했다.

플라톤이 아카데메이아에서 실행한 교육방법은 스승 소크라테스가 실행했던 방법이다.* 이는 소피스트들의 논쟁술·궤변술에 빠지는 대화법이 아닌 자기성찰과 진리 탐구를 위한 것으로서 문자를 통한

* 장영란 저, 《플라톤의 교육–영혼을 변화시키는 힘》, 살림출판사, 2009, 내용 참조.

교육이 아닌 살아있는 질문과 대화를 존중하는 방식이었다. 이런 교육 방법을 통해서 그가 학생들에게 전하고자 한 가르침은 소크라테스가 생전에 보여준 선의 이데아, 즉 진리를 깨닫는 방법이며 그것을 실천하는 '지행합일'의 삶이었을 것이다.

4일

오늘의 키워드: 행복

진정한 행복은 무엇일까?

아리스토텔레스

#니코마코스_윤리학 #4원인설 #목적인 #유데모니아 #아레테

"행복이란 삶의 의미이자 목적이요,
인간 존재의 총체적 목표이자 끝이다."

고대 그리스의 철학자 아리스토텔레스(BC 384~BC 322)는 플라톤과 함께 그리스 철학의 양대산맥을 이룬다. 플라톤의 제자이자 알렉산드로스 대왕(BC 356~BC 323)의 스승이기도 했던 아리스토텔레스는 왕에게 학문 전반을 가르칠 만큼 다양한 분야에 걸쳐 학문적 역량의 탁월함을 인정받았다.

워낙 여기저기 업적이 많은 팔방미인이다 보니 사실상 그의 이름은 온갖 '학'의 이론에 다 나온다. 그럴 수밖에 없는 것이 아리스토텔레스에 의해 오늘날 학문의 체계가 확립되었기 때문이다. 문학작품의 구성, 형식, 장르, 문체와 내용 등을 총 26개 장에 담아낸 저서 《시학(詩學)》을 통해 문학 전반의 토대를 마련했고, 당시 그리스 젊은 이들이 출세를 위해 주력하던 말(言)의 기술을 언어적 요소와 비언어적 요소로 세분화해 언어의 구성과 형식을 체계화한 그의 수사학(修辭學)은 지금의 연설학의 근간이라 할 수 있다. 동물과 식물을 종(種)과 유(類)로 분류한 생물학과 그 유명한 삼단논법의 논리학 그리고 윤리학, 정치학, 미학에 이르기까지 그는 거의 모든 학문체계에 시원적 기여를 한 인물이다. 다방면에서 업적을 쌓은 그가 정작 어떤 학문에 제일 열정을 두었는지 궁금하지만 알 길이 없다.

고대 철학자들 대부분이 이처럼 여러 학문을 통섭한 이들이다. 이것이 철학이 오늘날 모든 학문의 메타학문이라 불리는 이유이기도 하다. 오늘날 박사학위나 박사 과정자 앞에 붙는 Ph.D의 Ph가 '철학(philosophy)'인 것 역시 그런 전통에서 비롯되었다. 플라톤도 다방면에 걸쳐 사상적 체계를 구축했으며, 특히 소크라테스의 영향으로 여러 작품을 통해 존재의 진리를 이데아론으로 설명했다.

그러나 플라톤의 제자였던 아리스토텔레스의 존재론적 사상은 플라톤과 차이를 보인다. 이들의 차이는 르네상스 시대의 화가 라파엘로의 그림 〈아테네 학당〉*에도 단적으로 잘 묘사되어 있다. 하

* 〈아테네 학당〉은 라파엘로가 여러 세대 학자들의 특징을 살려 묘사해낸 상상화로 당대 학자들에 대한 많은 자료를 시사한다.

늘을 향해 손가락을 올린 플라톤과 손가락으로 땅을 가리키는 아리스토텔레스의 모습을 보자. 플라톤은 "봐, 진짜는 저 위의 세상이라고! 이 땅의 것은 투영된 것, 완전하지 않은 것이야"라며 절대적 이데아의 세계에 몰두한 반면, 아리스토텔레스 철학의 방향은 "아니오! 우리가 사는 이 현실 안에서 목적과 원인을 찾아야 합니다"라며 도달 불가한 이상세계가 아니라 지금 현재 우리 안에서 실현 가능한 것들에 집중했다.

아리스토텔레스가 행한 존재에 대한 실제적인 이해의 노력은 그의 저서 《니코마코스 윤리학》으로 전해진다. 이 책에서 아리스토텔레스는 '형상인', '질료인', '운동인', '목적인' 네 가지 원인에 의해 세상과 인간이 존재하고 기능한다는 4원인설을 제시했다. 먼저 모든 대상은 각각 형상이 있고(형상인) 어떤 질료로 이루어져 있는데(질료인), 이 질료로 구체적인 대상을 만들기 위해 에너지가 필요하다. 말하자면 목수가 나무라는 질료로 앉기 위한 목적의 의자를 만들어내려면 만들고자 하는 의지가 필요한데 그 의지가 '운동인'이다.

아리스토텔레스의 4원인설에서 가장 중요한 것은 '목적인'이다. 그의 목적론은 플라톤(궁극적으로는 소크라테스)에게 영향을 받아 훨씬 더 확장된 것으로 그의 모든 학문의 토대가 된다. 아리스토텔레스의 목적론은 모든 존재에는 목적이 있다고 주장한다. 소크라테스의 예를 되살려보자. 조각상은 돌로 되어 있다. 돌이라는 존재는 돌로서의 고유한 목적이 있다. 돌은 훌륭한 조각상이 될 수도 있고 단단한 벽

돌이 될 수도 있는데 단단하고 영구적인 돌의 속성이 질료와 형태라면, 석공의 운동을 통해 변화되어 훌륭한 조각 또는 외벽이라는 궁극적 목적으로 구현되는 것이다.

아리스토텔레스의 관점에서 모든 존재는 지금 현실에 어떤 목적을 담고 있는 잠재상태다. 우리는 이미 목적을 담고 빚어진 존재다. 누군가 "삶의 목적이 뭐예요?"라고 묻는다면 우리는 흔히 "행복이죠. 행복하게 사는 것"이라고 말한다. 삶의 목적으로서 '행복'에 대해 아리스토텔레스는 《니코마코스 윤리학》에서 '유데모니아(eudaimonia: 최상의 좋음)', 즉 행복을 '아레테(arete)'라는 개념으로 설명한다. 아레테란 '사람이 가진 탁월한 기량, 유능한 특징을 잘 사용하는 과정'이다. 즉 자신의 타고난 장점을 그냥 가지고 있는 것이 아니라 잘 찾아서 탁월함으로 꾸준히 연마하는 상태를 가리킨다.

우리가 생각하는 행복은 무엇일까? 요즘 시대의 행복이라 하면 직관적으로 돈이 스쳐지나간다. 돈이 많으면 행복할까? 우리는 돈이 인생의 최종 목적이자 행복의 열쇠인 것처럼 바라고 추구하지만, 사실 그렇지 않다는 것을 안다. 돈과 명예를 가졌지만, 행복하지 않은 예는 주변에서 또는 뉴스를 통해서 심심찮게 접할 수 있다. 그렇다면 진정한 행복이란 무엇을 말하는 것일까? 아리스토텔레스의 목적론적 행복, 즉 '아레테'를 생각해보면 느껴지는 바가 있다.

수영선수가 꾸준한 연습을 통해 최고의 기량을 향해 나아가는 것(수영선수의 아레테), 요리를 잘하는 사람이 더 탁월한 조리법을 개발하기 위해 부단히 노력하는 것(요리사의 아레테), 주의력이 뛰어난 사람이 끊임없이 사물을 관찰하고 사진으로 기록하는 것(사진기자의 아레테) 등, 행복은 타고난 것을 기반으로 '본연의 자기 자신이 되려는 노력의 과정'에 있다. 나의 아레테는 무엇일까? 더 탁월한 상태로 나아가려면 어떤 실천을 해야 할까? '나'를 '남'이 아닌 '나'라고 알고 있는 이상 우리 모두에게는 저마다의 고유한 행복자산이 있다.

5일

오늘의 키워드: **절제**

아라락시아와 아파테이아

에피쿠로스학파와 스토아학파

#에피쿠로스 #아타락시아 #디오게네스 #알렉산드로스_대왕 #제논 #아파테이아 #자기의식

"햇빛이나 막지 말고 비켜주시게."

문자 메시지 알림음이 울린다. 하루가 멀다 하고 '먹방(먹는 방송)' 투어 사진을 보내는 친구의 메시지다. 오늘은 또 어디서 무엇을 탐하고 있을까? 메시지를 열어보니 고추장, 자장, 크림의 떡볶이 3종과 김밥, 어묵, 반질반질한 순대 사진까지… 세다! 그리고 이어지는 문자 메시지. "플렉스도 세트로!"

마음껏 욕구를 채우며 살면 얼마나 좋을까? 그러나 우리가 그러지 못하는 이유는 그 뒤에 대부분 후회가 남기 때문이다. 그렇다고는 욕구를 누르기만 하는 삶은 상상만으로도 고통스럽다. 그런데 "생의 고통을 피하고 쾌락만을 누리자!"라는 불가능해 보이는 주장을 한 학파가 있었으니 그들을 에피쿠로스학파라 부른다.

스토아학파와 동시대에 출현한 에피쿠로스학파는 철학자 에피쿠로스(Epicouros, BC 341?~ BC 270?)가 아테네의 정원이 있는 집에서 제자들을 가르친 데서 시작되었다. 이 학파는 인생의 목적으로서 행복을 중요하게 다룬다. 이들이 행복의 근원으로 보는 것은 즐거움과 관계된 것, 즉 쾌락이다. 고통을 피하고 즐거움을 얻고자 하는 것은 모든 인간의 본능일 것이다. 이 본능적 즐거움은 우리의 일상, 학문, 종교 등 모든 영역에서 추구된다. '에피쿠로스적'이라는 표현은 이런 즐거움과 쾌락을 누리고자 하는 욕구의 대명사처럼 쓰이지만, 에피쿠로스학파가 주장하는 쾌락주의의 본래 의미는 오늘날 우리가 사용하는 의미와 거리가 있다.

쾌락이라는 말은 직관적으로 육체적 향락과 방종, 사치스러운 소비 행위 같은 요즘 유행어로 '플렉스(flex)'를 연상시키지만, 사실 에피쿠로스가 추구한 쾌락은 물질적인 것보다 '정신적인 적'인 것을 염두에 두며 '지속적으로 이어지는 만족'이다. 이들이 추구한 쾌락을 '아타락시아(ataraxia)'의 상태라고 한다. 쾌락으로의 정신적 접근에 대한 에피쿠로스의 주장을 들어보면, 감각적이고 신체적인 쾌락은 이들에게 쾌락을 순간에 머무르게 하는 것으로 오히려 결과적으로는 고통의 원인이 되기에 피해야 할 대상이다. 이들이 주장하는 쾌락은 고통보다 편안함이 오래가는 선택을 하는 것이다. 즉 고통의 총량과 편안함의 총량을 견주어 편안함의 총량이 더 많아지도록 하는 것이 이들이 추구하는 궁극적 쾌락이다.

예를 들어 1차, 2차, 3차로 이어진 술자리는 그 시간 동안은 즐겁지만 다음 날 내내 고통이 될 수 있다. 고2 기말시험 기간에 공부를 뒤로 미루고 게임에 빠져 기록을 경신할 때는 즐겁지만 시험을 망쳐 재수를 하게 된다면 1년 이상 고통스러울 수 있다. 이런 상식적인 현실원칙을 고려한 선택으로 더 지속적인 편안을 추구하는 것이 에피쿠로스의 쾌락주의다.▪

현실의 편안함을 꾸준히 유지하는 식의 쾌락에 대해 잘 말해주는 유명한 일화가 있다. 알렉산드로스 대왕이 그리스에서 페르시아 그리고 인도에 이르는 영토를 정복한 이후 방대해진 영토만큼 늘어난 여러 걱정거리에 시달리다 당대 행복한 현자로 명성이 높았던 디오게네스를 찾아갔다. 디오게네스는 길가 통나무에 드러누워 낮잠을 자고 있었다. 알렉산드로스 대왕은 화려한 유명세와 어울리지 않는 디오게네스의 초라한 외양에 놀라며 "나는 천하를 정복한 대왕이다. 무엇이든 그대가 원하는 것이 있다면 다 들어줄 테니 말해보라"라고 했다. 그러자 알렉산드로스 대왕을 힐끗 본 디오게네스는 "당신 뒤 햇빛이나 막지 말고 비켜주시게"라고 답했다고 한다. 알렉산드로스 대왕은 하

▪ 에피쿠로스의 쾌락에 대한 정의는 이후 벤담의 공리주의 철학으로 이어진다.

늘 같은 권세를 가졌으나 늘 배신을 당할지 모른다는 불안과 책임질 문제들에 시달리는 자신보다 여유 그 자체의 삶을 누리는 디오게네스를 부러워했다고 한다.

물질적, 감각적인 쾌락이 주는 기쁨은 매우 유혹적이고 강력하다. 그러나 우리는 경험으로 알고 있다. 그런 쾌락이 주는 기쁨의 지속 시간은 짧고 뒤에 남는 후회는 꽤 오래간다는 것을! 에피쿠로스는 강한 충동과 패기 넘치는 그리스인들의 기질만큼이나 다사다난했던 그리스 역사 속에서 잔잔한 호수의 물결처럼 평화로운 생의 미덕을 젊은 이들에게 알려주고 싶었는지도 모른다.

에피쿠로스와 같은 시대에 절제 정도가 아니라 이보다 더 나아가 아예 금욕적 삶의 태도를 유지해야 한다고 주장한 이들이 있었으니, 바로 스토아학파다. 스토아학파는 BC 3세기 키프로스섬 출신 제논(Zenon, BC 495?~BC 430?)이 스토아(공회당)에서 강연한 것에서 명칭이 유래되어 고대 그리스 말기에서 로마가 지배하던 시대까지 대표적 철학유파로 계승되었다.*

스토아학파의 근본 사상은 고대 헤라클레이토스의 주장으로 이 세상이 화(火)기 같은 미세한 입자로 구성된 물질로서 인간은 물론

* 스토아학파의 계승은 시대별로 초기(헤라클레이토스를 계승해 이 세상이 생동하는 화기로 이루어져 있으며 자연법칙 속에서 상생한다고 봄), 중기(BC 2세기경 사회의 지배에 순응하는 수동적 인간이라는 계급의식을 전제로 한 사상이 출현), 후기(AD 1세기경 쇠퇴하는 노예제 속에서 무력해지는 귀족 계급을 중심으로 명상과 내면의 평화를 강조하는 사상으로 변화함)로 나뉜다. 이는 로마제국에 기독교사상이 보급되는 기반이 되었다(세네카, 마르쿠스아우렐리우스 등).

신조차도 스스로 생성과 변화를 통해 전개되고 소멸된다는 유물론적 입장이다. 신의 섭리로 창조된 조화로운 세상에서 세속적으로 이어지는 권위를 부정하고 개인의 절제된 정신적 수양을 강조한 스토아학파는, 우리에게 흔히 온몸이 빼빼 마르도록 소식만 하고 육체의 즐거움을 차단하고자 혹독하게 신체를 단련하는 엄격한 금욕주의로 알려져 있다.

그러나 이런 엄격한 금욕의 이미지도 스토아학파가 본래 추구했던 금욕의 뜻과는 다르다. 스토아학파가 말하는 금욕이란 모든 본능을 억압하고 통제하는 것이 아니라 '내 것이 아닌 타인의 것을 욕망하는 데 집착하지 말라는 금욕'이다. 한마디로 남들을 따라 하느라 자신을 괴롭히지 말고 부질없는 욕망들을 놓아주라는 의미다.

스토아학파에서는 내면의 '아파테이아(apatheia)'를 강조했는데 이는 '내면의 평화'를 말한다. 자기 안의 고요함을 찾아 초집중 상태가 된다면 어떤 환경에서든 타인과 상관없이 의식의 최고 능력을 발휘할 수 있다고 보고 정신적 수양과 명상을 강조한다. 철학의 출발은 자기의식의 실현이다. 스토아학파가 주장한 이런 의미의 금욕주의가 시대를 넘어 오늘의 우리에게까지 계승된 배경에는 이런 '자기의식'에 대한 이성적 성찰이 있기 때문이다.

인간의 고유한 이성을 통해 세속적 욕망 추구를 절제하고 외부에 휩쓸리지 않게 자신을 수양하라는 스토아학파와 자기의식의 실현을 위해 무절제한 쾌락을 추구함에 따르는 고통을 피하라는 에피쿠로스학파는 서로 대립적인 논의를 전개하는 것이 아니다. 이들은 모두 자신의 내면에 집중해 내실을 추구하라는 따뜻한 교훈을 전해준다.

6일

오늘의 키워드: **지혜**

왜 학자들은 물가 근처에 모여 있을까?

소피스트의 철학

그리스 #아테네 #에게해 #페르시아_전쟁 #민주주의 #소피스트

"세상에 절대적으로 올바른 진리란 있을 수 없고
올바른 것은 그것을 정하는 기준에 의해 정해진다."

살펴보면 고대 학자들의 활동 영역은 죄다 에게해 주변에 그리스를 중심으로 우르르 몰려 있는 양상으로, 그중에서도 같은 시기에 겹쳐 있는 소피스트들의 활동 좌표는 특히나 더 조밀하다. 이들이 이토록 그리스에 몰려 있는 이유는 무엇일까? 이는 아테네라는 도시와 아테네에서 시작된 민주주의와 연관이 있다.

아테네는 BC 5세기경부터 문명이 가장 발달한 곳 중 하나였다. 지금도 그렇지만 1년 내내 따뜻한 기후와 눈부신 바다 지중해는 사람들을 끌어들이는 로망의 바다다. 그 근방의 광장문화가 발달한 아테네는 동서양 문물과 학문이 교류하는 문화의 핫플레이스 같은 도시로 부상했으며, 이곳을 중심으로 우주의 궁극 원리와 존재의 근원에 대한 철학적 관심들이 발달해나갔다.

소피스트의 원뜻은 '지혜로운 자'로, 그리스 주변에 흩어져서 활동하던 지방의 현자들이었는데 이들이 아테네로 몰려든 것은 페르시아 전쟁* 이후다. 아테네는 주변국에 의해 수시로 침략을 당했으나 특히 페르시아의 위협은 아테네를 거점 삼아 동방으로 확장하는 수준의 큰 문제이기에 전쟁은 치열할 수밖에 없었다. 아테네를 둘러싼 산들은 올리브나무가 아니고서는 생존하기 어려운 척박한 여건이었고, 이로 인해 육로에서 실패를 경험한 페르시아는 다시 해상으로 침략해 들어왔다. 두 진영이 접한 세계 중 어느 편이 세계 패권을 쟁취하느냐 하는 중요한 전쟁에서 아테네는 다행히 도시를 지키고자 자원한 병사들과 시민들의 힘으로 페르시아로부터 영토를 지켜냈다.

전쟁 이후 정치인과 권력자들의 권위는 쇠락하고 무산 시민들을 중심으로 폴리스의 모든 구성원이 동등한 입장에서 발언권을 갖는 민주정치가 실현되었는데, 이것이 오늘날 민주주의의 시초라 할 수 있다. 이후 자유롭게 자신의 역량을 발휘할 수 있는 세상으로 청운의 뜻을 품은 지방 청년들이 모여들었고 자신을 어필할 수 있는 스펙으

* BC 492년부터 BC 479년까지 지속된 페르시아제국의 그리스 원정 전쟁으로, 그리스의 여러 도시국가들이 페르시아제국에 연합 대응해 공격을 막아냈다.

로 언변술이 강조되었다. 전쟁에서 이겼다는 배경만 빼면 취업을 위해 대도시로 몰려들어 면접기술을 배우는 우리의 현재 모습과 크게 다르지 않다.

바로 이 시기에 소피스트들이 아테네에 몰려든 청년들을 대상으로 활약을 펼친다. 이들의 주무기는 상대주의적 세계관이다. 변화무쌍한 도시 아테네에서 절대적 이데아론이 점점 보수적 가치가 되어가고 있을 때 '세상에 절대적으로 올바른 진리란 있을 수 없고 올바른 것은 그것을 정하는 기준에 의해 정해진다'는 소피스트들의 입장은 새로움을 열망하는 젊은이들의 의식을 충족해주었다. 청년들은 새로운 가치를 주장하던 고르기아스(Gorgias, BC 483~BC 376), 프로타고라스 등의 소피스트들에게 가르침을 얻고자 몰려들었으며 이들의 인기는 대단했다. 소피스트의 시초인 프로타고라스는 절대적이고 궁극적인 진리는 존재하지 않으며 진리는 시대, 문화, 장소마다 달라질 수 있는 주관적이고 상대적인 것이라 주장했으며 "인간은 만물의 척도다"라며 인간 중심 사상을 강조했다.

고르기아스는 프로타고라스와 함께 1세대 소피스트를 형성한 시칠리아 출신의 소피스트로 어떤 주제를 만나든 능변하는 언변술로 정평이 난 인물이다. 고르기아스의 철학은 회의주의로 유명한데, 그는 자신의 저작 《존재하지 않는 것 혹은 자연에 관하여》에서 "1) 아무것도 존재하지 않는다 2) 존재하더라도 인식되지 않는다 3) 인식되더라도 언어로 전달되거나 해석되지 않는다"는 주장을 통해 "모든 것은 사실 전혀 존재하지 않는다"는 염세적인 철학을 기술했다. 그가 언변술을 연마하기 위해 입에 돌을 물고 몇 달씩 피나는 훈련을 했다는 기록들을 보면, 그가 실전에 임하기 전 어떤 주제에 대해서건 사전에 철저한 말하기 준비를 했던 노력형 인재였음을 유추할 수 있다.

이소크라테스(Isocrates, BC 436~BC 338)는 아테네에서 태어나 프로타고라스와 고르기아스 같은 유명한 소피스트에게 가르침을 받았고, BC 390년경 아테네에 변론술 학교를 개설했다. 비슷한 시기에 설립된 플라톤의 아카데메이아에 대항해 변론술 등 다양한 과목을 통한 전인적 교육을 지향한 그의 학교는 이후 많은 인재를 배출했다. 이소크라테스와 관련해 개인적으로 인상적인 부분은 언변술(수사학)에서 말의 '시의적절'을 강조했다는 점이다. 말을 할 때 "때와 장소에 따라 삼갈 줄 알고 펼칠 줄도 알라"는 그의 교훈이 신선하기도 했지만, '시의적절'이라는 미덕이 꼭 말에 관한 것만이 아니라 삶 전반에 적용되는 것이어서 나의 일상을 돌아보게 했다.

소피스트들이 '지혜로운 자'라는 의미로 불리던 당시에 그들의 성찰은 진지한 무게를 지녔을 텐데, 지금 우리가 그들을 너무 왜곡하고 있는 것은 아닐까? 비록 그들 이후 소피스트들의 행적이 초기 소피스트들이 담고 있던 사상의 토대를 무시한 '아무말대잔치' 일색이어서 그 이름의 의미까지 변질되었다 해도 물길을 건너 배움을 찾는 것은 지금도 쉽지 않은데, 그 까마득한 옛날에 '앎이 모이는 도시' 아테네의 물가를 향해 모여든 청년들이 찾으려 한 지혜의 열망을 다시 한번

돌아보게 된다.

고대의 아테네, 중세의 네덜란드, 그리고 나치의 탄압을 피해 망명한 학자들의 피난처가 된 20세기 영국과 미국* 등은 모두 '쉴 만한 물가'는 권력이 아닌 의식의 자유가 실현되는 곳임을 시사한다. 21세기 우리나라 청년들에게는 어떤 지혜의 열망이 있을까? 이 땅이 우리 젊은이들이 뜨거운 의식의 열정을 실현할 쉴 만한 물가가 될 수 있기를 바라며 응원을 보낸다.

* 고대에는 아테네 중심의 '에게해' 물가가 학자들의 우물가였다면, 중세의 우물가는 네덜란드가 위치한 북해로 이어지는 발틱해다. 중세의 네덜란드는 학문에 대한 탄압이 없는 개방적인 곳이었기에 스피노자, 데카르트 등 많은 학자가 네덜란드로 망명해 자유롭게 학문에 몰두했다. 20세기 나치의 잔인한 탄압을 피해 망명한 학자들 역시 영국해협과 대서양을 건너 학문의 자유를 찾았다.

나란히 발전하는 동·서양의 의식

#소크라테스 #플라톤 #아리스토텔레스 #소피스트 #공자 #맹자 #제자백가

철학담론이라는 것이 결국 다 사람 이야기여서 재밌기도 하지만 한 가지 정말 신기한 것이 있다. 소크라테스, 플라톤과 아리스토텔레스 등이 진리에 대한 고민을 하던 무렵 동양에서도 데칼코마니처럼 인간과 세상의 기원을 증명하려는 노력들이 나란히 출현하고 있었다는 점이다. 지금처럼 문자가 발달하고 통신시설이 갖춰져 정보가 오갈 수 있던 것도 아닌데 어떻게 동·서양의 철학적 담론이 서로 닮을 수 있었는지, 사람의 삶이 시간과 공간의 교직 속에서 비슷한 맥락으로 이루어지는 광경이 경이롭다.

탈레스 이후 BC 600년경 그리스를 중심으로 철학적 논의가 활발하게 전개되는 사이 BC 700년경 인도에서는 우파니샤드 철학이 일어났고(인도는 에게해 맞은편 이오니아와 밀레토스 등의 지역과 지형학적 연결성이 있으니 납득이 가지만), 중국의 사상들 역시 그리스와 비슷한 시기적 맥락을 이어가고 있었다. 플라톤과 아리스토텔레스와 비슷한 시기에 공자(BC 551~BC 479)와 맹자(BC 372~BC 289)가 활동했다. 소크라테스가 직접 한 권의 저서도 집필하지 않았으나 그의 제자들을 통해 사상이 전해지듯, 공자 역시 생전에 본인의 저서는 없었지만 사후 제자들이 스승의 주옥같은 가르침의 어록을 남겼고 이것이 《논어》다.

소크라테스 사상이 진리에 주목할 당시 수많은 지혜의 현자들, 즉 '소피스트'들이 아테네로 모여들어 저마다 인간 중심의 주장을 펼쳤던 것처럼 중국은 비슷한 시기에 '제자백가(諸子百家)'가 활약을 펼친다.

제자백가란 BC 5세기 이후 중국에서 출현한 다수의 사상가들을 일컫는다. 선생이 100여 명이나 된다는 뜻으로, 실제 역사에 남아 있는 제자백가의 사상가 수는 무려 200명에 육박한다. 하필 왜 이 시기에 이러한 사람들이 많이 배출되었는지에 대해서는 여러 가지 설이 있으나, 대체로 주나라의 종법제적 규범이 완전히 무너지고 기존의 지배층이 대거 몰락하면서 그 몰락한 지배층의 일파가 자신이 익힌 지식을 활용해 교육과 후학 양성에 힘쓴 결과로 풀이한다. 쉽게 말해 아테네가 쇠퇴해가는 혼란 속에서 소피스트들이 각각의 정의를 주장했듯이, 제자백가 역시 혼란한 시대 상황 속에서 '나름의 정의'를 치열하게 사고하고 주장했던 것이다. 우리에게 익숙한 유가, 묵가, 도가, 법가 외에도 이들의 사상은 이후 동양 철학 전반에 영향을 미쳤다. 우리 역시 제자백가의 사상을 관리등용 시험에 출제했다고 하니 이 땅의 학자들에게도 많은 영향을 주었음을 알 수 있다.

또 한 가지 흥미로운 사실은 이들이 주목한 문제의 방향이다. 라파엘로의 그림 〈아테네 학당〉에서 플라톤은 손가락을 위로 향한 반면 아리스토텔레스는 땅을 가리킨 것처럼, 공자의 사상은 사람이 살아가는 윤리에 관한 큰 틀을 이치를 거스르지 않는 것으로 설명한다면 맹자의 사상은 사람의 잠재성과 그 목적의 실현을 강조한다. 맹자는 인간은 잠재성이 발현되는 것이 다를 따름이지 누구나 마음 안에 고귀한 선한 자원을 가지고 있다고 보았는데, 이에 따라 "모든 백성에게도 왕과 같은 소양이 있으므로 백성들을 선하게 대우하라"는 직언으로 왕들을 가르쳤다. 이 발언은 해석하기에 따라 그 당시 왕권을 위협하는 위험천만한 주장이 될 수 있었다.

맹자는 마치 아리스토텔레스의 '4원인설'처럼 사람의 마음 안에는 측은지심(惻隱之心: 타인을 안쓰럽게 여김)·수오지심(羞惡之心: 행동의 부끄러움을 앎)·사양지심(辭讓之心: 취해도 될 것과 사양할 것을 구분함)·시비지심(是非之心: 옳고 그름을 구별할 줄 앎)이라는 4단(四端)이 있으며, 이 네 가지 마음을 실마리로 한 그 근원에는 인(仁)·의(義)·예(禮)·지(智)라는 4덕성(四德)이 있다고 보았다. 이러한 덕성이 모든 사람의 마음에 있다는 성선(性善)의 주장으로 모든 백성이 '요임금이나 순임금'■ 같은 성인(聖人)이 될 자질이 있다고 하여 그의 책은 한동안 혁명적인 것으로 간주되었고 금서로 묶여 있어야 했다.

우리 안에 내재된 선한 감정들이 우리를 훌륭한 성인의 삶으로 이끌어준다는 맹자의 주장은 이제 우리가 읽을 중세의 학자 스피노자의 개념과도 닮아 있다. 스피노자의 책 역시 당시 금서로 꽁꽁 묶여버린 맹자의 코스를 똑같이 밟는다. 이렇듯 동·서양 사상들은 '인간'이라는 동일한 테두리 안에서 서로 비슷한 상황에서 문제의식을 가지고 그 문제에 대해 치열하게 고민해왔다. 그리고 이런 역사적 사실은 동·서양의 의식이 어느 쪽이 앞서거나 뒤처지는 것이 아닌, 인간이라는 보편적 특성 속에서 얼마나 비슷한 발전을 이루어왔는가 하는 맥락으로 이해할 수 있다.

■ 중국인들이 가슴속에 품고 있는 이상적인 군주로서 이들의 특징은 철저하게 백성 위주, 백성 중심이었다는 것이다. 즉 민본(民本)사상의 실천자들이다. 조선시대 지식인들도 백성을 근본으로 삼고 정치를 행한 성군의 모범으로서 요순을 이상적인 군주로 여겼고, 경연에 참가한 학자들은 왕에게 고전을 설명하면서 반드시 그러한 군주가 되도록 노력하기를 당부했다.

2장

중세

인간에게 신이라는 존재는 무엇일까?

고대, 중세, 근대, 현대 등 시기를 나누는 기준은 대개 역사적 사건들을 기점으로 한다. 고대 하면 일단 기원전(BC)이라는 시간적 배경과 그리스, 에게해 주변의 학자들이 생각나는 것이 일반적이라면, 중세의 역사를 논할 때 가장 먼저 떠오르는 것은 '신(神)', 종교다. 그 종교가 '예수'라는 인물을 바탕으로 한 오늘날의 기독교라는 것까지만 생각하면, 이 기반을 가지고 중세의 뼈대를 나름 짚어나갈 수 있다.

앞에서는 그리스가 주무대였지만 중세의 이야기는 로마로 건너간다. 먼저 그 장소에 대한 퍼즐 조각을 이해하면 좋다. 앞에서 언급한 소크라테스가 생전에 세 번이나 전쟁에 나갔다는 문장을 기억해보자. 그리고 그 전쟁이 아테네를 지지하는 아테네 동맹군과 스파르타를 지지하는 스파르타 동맹군 사이에 장장 28년간 이어진 '펠로폰네소스 전쟁'이라는 상식만 기억에 한 줄 더해보자. 고만고만한 세력들이 양쪽으로 나뉘어 엎치락뒤치락하는 전쟁을 28년이나 하고 나면 그 결과가 어떨까? 누가 이기든 상관없이 영 피곤한 파국이 예상될 것이다.

예상대로 스파르타 측의 최종 승리가 무색할 만큼 두 도시 진영은 이미 다 파괴되어 쇠약해지고 만다. 이 전쟁으로 힘을 소진한 탓에 그리스는 과거의 영광을 잃어버리고 이후 주변국이 전쟁을 벌일 때마다 허수아비처럼 이쪽저쪽 세력에 편입하게 된다.

한편 작은 도시국가였던 로마에서는 BC 202년 스키피오(Scipio) 장군이 100여 년간 이어진 '포에니 전쟁'[■]으로 로마를 위협한 카르타고(페니키아)의 전설적 장군 한니발(Hannibal)을 무찌른다. 이후 로마는 지중해 패권을 장악하고 이탈리아반도를 통일해 지중해 세계를 지배하는 강대국이 된다. 이렇게 로마의 세력이 확장되는 과정에서 로마에 점령된 속주들은 무거운 납세 의무를 떠안게 되고, 이는 전쟁으로 폭증한 노예 계급에게 삶의 고단함과 고통으로 이어진다.

이런 시대적 상황에서 AD 1세기 초 민족과 계층에 상관없이 모든 사람을 향해 열려 있는 신을 주장하는 예수가 등장한다. 사람들에게 종교가 절실해지는 때는 눈앞의 삶이 너무 막막해서 의지할 곳이 필요할 때, 현실의 부당함이 참담해서 견디기 힘들 때일 것이다. 우리도 뉴스에서 '아동 학대' 같은 끔찍하고 슬픈 사건을 접하면 그 가혹한 행위에도 불구하고 현실의 법이 아이들의 고통에 대한 안전장치가 되지 못하는 무용한 것일 때, 그 부당함이 어딘가에서는 꼭 어루만져지길 염원하게 된다. 그리고 이 세상이 아닌 곳에서라도 가해자에 대한 심판이 꼭 제대로 집행되기를 간절히 바란다.

당시에는 힘든 사람들이 많았다. 전쟁으로 신분이 바뀌고, 가족을 잃

■ BC 3세기 중엽에서 BC 2세기 중엽까지 지중해 패권을 둘러싸고 벌어진 로마와 카르타고의 전쟁이다. 제3차 포에니 전쟁에서 스키피오 장군의 승리로 로마가 지중해 패권을 차지한다. 포에니는 라틴어로 '페니키아인'을 가리킨다.

고, 다치고, 노역의 고통을 겪는 사람들에게 모든 사람이 신 앞에서 신분의 구별 없이 평등하며 신의 위로를 받을 수 있다고 말하는 기독교가 열렬한 지지를 얻는다. 예수의 세력을 경계한 유대 지도자들에 의해 결국 예수가 처형되자 그의 사상을 따르던 민중은 탄압을 피해 사방으로 흩어졌고 이로써 기독교 사상은 로마 전역으로 더 확산되었다.

로마는 귀족의 신분과 카이사르의 권력을 보장하기 위해 기독교도를 갖가지 방법으로 고문하고 죽이는 등 초기에는 기독교를 탄압했다. 그러나 로마제국이 내분으로 혼란을 맞게 되는 3세기 이후 콘스탄티누스 1세(Constantinus I, 재위 306~337)가 황제권 강화를 위해 AD 313년 '밀라노칙령'을 선포함으로써, 당시에도 여전히 강성한 결속력으로 번성하던 기독교를 로마의 종교로 포용한다. 콘스탄티누스 1세는 기독교를 공인하며 그 세력을 기반으로 지위의 안정을 꾀함은 물론 선교 지원 및 기독교 지원을 통해 점점 로마제국 내 기독교의 위상을 넓혀나간다. 그러다 AD 380년 테오도시우스 1세(Theodosius I, 재위 379~395)에 이르러 기독교가 로마의 국교로 선포된다.

콘스탄티누스 대제의 지지로 합법적인 종교가 된 이후 테오도시우스 황제 때 로마제국의 국교가 되는 순항 속에서 기독교의 교회와 성직자들은 각 방면에서 안정을 보장받는 혜택을 누린다. 마치 공무원처럼 나라가 기독교인의 신분을 보장해주자 많은 시민이 대거 교회에 속하고자 했고, 이에 교회 지도자들은 점진적으로 세속화된 권력을 갖는다. 기독교가 국교로 지정됨으로써 교회는 대규모 교육장의 기능을 하게 되고 법을 집행하는 사법적 권한도 확보한다. 이런 배경하에서 '철학은 신학의 시녀다'라는 중세를 특징 짓는 '교부철학'의 전통이 본격적으로 시작된다. 중세 철학은 대부분 '교황 지배 시대 의식의 암흑기'라는 흑역사로 그려지지만, '면죄부'로 인해 비롯된 '십자군전쟁'과 1517년 '루터(Martin Luther, 1483~1546)의 종교개혁'* 까지 그 암흑에 대해 끝없이 저항했던 역사이기도 하다.

이제 '중세'의 시대적 맥락을 가늠할 수 있을 것이다. 종교가 본격적인 권력으로 삶을 지배하는 시기를 기점으로 데카르트가 '신'의 그늘에서 벗어나 "나는 생각한다"라고 '나'를 말하기 전까지 1,000년의 기간을 일반적으로 중세로 보는 이유를 이해했다면, 이제 그 기간 동안 인간의 의식이 어떻게 의지를 전개해나갔는지 알아볼 차례다.

중세 철학은 비록 종교의 틀 속에서 기독교 사제를 중심으로 발전해 갔지만, 철학적 의식을 전개하는 데에서 이들의 주장은 중세가 '철학의 암흑기'에 머무른 것이 아니라 체제에 대한 개혁의지를 이어가고 있었음을 보여준다. 신학과 함께 학문 일반을 연구했던 사제들, 즉 '스콜라** 철학자'가 주도했기에 중세 철학을 흔히 '스콜라 철학'이라 부른다. 이 시

* 1517년 10월 31일 마르틴 루터가 당시 서방교회의 면죄부 판매, 연옥에 대한 교황권 주장, 공로사상을 비판한 내용의 95개조 반박문을 발표하는 사건으로 출발한다. 오직 성경의 권위와 오직 은혜(sola gratia)와 오직 믿음(sola fide)을 강조함으로써 부패한 교황제도 중심의 교회와 교회의 제도를 새롭게 개혁하고자 했던 서방교회 개혁 운동이다.

** 스콜라는 '여유'라는 뜻의 고대 그리스어 스콜레를 라틴어로 소리 나는 대로 적은 단어로 오늘날 '학파'라는 뜻으로 이해되고 있으며, 특히 9~15세기에 유럽의 정신세계를 지배했던 신학에 바탕을 둔 철학적 사상을 일컫는다. 스콜라 철학은 기독교의 신학에 바탕을 두기 때문에 일반 철학이 추구하는 진리 탐구와 인식의 문제를 신앙과 결부시켜 고찰했다.

기에 철학은 세속적으로 교권화된 성직체계를 비판하고 종교 본연의 의식과 사도로서의 삶의 회복을 주장했다.

아우구스티누스의 뒤를 이은 스콜라 철학자 토마스 아퀴나스는 이슬람 세계에서 다시 복원되어 전승되기까지 오랜 기간 금서였던 아리스토텔레스의 사상을 연구하여 신의 권위를 인간 안으로 옮겨오는 사상의 전환을 이뤄낸다. 이런 스콜라 철학의 노력들은 이후 루터와 칼뱅(Jean Calvin, 1509~1564)의 종교개혁과 르네상스 운동 등 체제 개혁의 에너지가 되었고, 파면을 당하면서도 인간과 신앙의 관계를 실천적으로 조명한 스피노자의 사상과 라이프니츠(Gottfried Wilhelm Leibniz, 1646~1716)의 예정조화설 등에 영향을 미친다.

현실에 대한 문제의식을 통찰하고 개선하고자 했던 이 시대 철학자들의 노력을 만나보자.

7일

오늘의 키워드: 고백

지식과 경험 중 무엇이 더 사람을 성장시킬까?

아우구스티누스

#덕망_있는_성자 #암브로시우스_주교 #아우구스티누스주의 #고백록 #은총론

"악행에 대한 고백은 선을 향한 시작이다."

사방이 깜깜한 터널 속에 갇혔어도 어딘가에서 가느다란 빛줄기 하나만 들어온다면 더듬더듬 느리게 나아갈지라도 그 빛은 출구를 찾아 나올 수 있는 희망이 된다. 우리가 막막하다고 생각하는 현실의 어려움이 있는 곳에 목소리 한마디를 보태고, 작은 손길 한번을 꼭 건네야 하는 이유다.

신의 그늘에 갇혀 있던 중세에도 '체제의 모순을 묻고, 규명하고, 정의의 방향으로 실천해내는 철학적 전통'이 이어진 것은 스콜라 철학의 대부 아우구스티누스(Aurelius Augustinus, 354~430) 덕분이라고 해도 과언이 아니다. 그의 이름은 '덕망(은총) 있는 성자'라는 의미로 당시 로마 황제의 이름을 딴 것이다.

아우구스티누스는 이름처럼 강력한 덕망으로 중세 1,000년을 수호한 스콜라 철학의 기반을 마련해준 든든한 인물이다. 교파를 막론하고 두루 존경받는 성인으로서 초대 교회 사제이며 아우구스티노 수도회 창설자다. 아우구스티누스의 생애를 칭송하는 수식어는 여러 개지만 가장 특징적인 것은 '진리에의 열정'이다. 그는 자신이 처한 상황에서 언제나 치열하게 의미를 추구하고자 했으며 최선을 다해 그 가치를 실천한 인물이기 때문이다.

이런 아우구스티누스의 뚝심은 오롯이 일관된 통념적 틀이 아닌 파란만장한 여러 경험들 속에서 형성된 것이다. 이 위대한 성인은 스스로 선택한 가치에 매번 치열하게 빠져들어 그 안에서 진리를 찾으려 했고, 그것이 '허상(虛像)'임을 깨닫게 되면 미련 없이 그 자리를 박차고 나와 다시 다른 길에 열중하기를 반복하면서 고단한 시행착오를 통해 찾아낸 생의 가치를 수호하며 실천에 힘쓴 열정적인 인물이다.

아우구스티누스는 로마 식민지 누미디아■의 타가스테에서 태어났다. 아버지의 바람대로 그는 카르타고로 유학을 가 대학에 입학해 당

■ 대략 BC 3세기부터 북아프리카에 있던 고대 왕국. 나중에 로마의 속주가 되었으며 현재의 알제리 북부에 해당한다.

시 열풍이던 수사학을 전공했다. 그러나 카르타고에서 아우구스티누스는 부모의 기대와는 달리 세속 문물에 젖어든다. 특히 철학에 심취한 아우구스티누스는 기독교적 신앙을 저버리고 한 여인과 정식 결혼도 하지 않은 채 자녀까지 둔다. 카르타고에서 공부를 마친 아우구스티누스는 수사학 교수자격증을 가지고 고향으로 돌아와 수사학 학교를 세우지만, 안일한 삶에 안주하지 않고 다시 카르타고로 가서 문학을 가르친다.

확실하게 정착하지 못하고 방황하던 그의 마음에 내내 있던 질문은 바로 삶의 진리, 즉 '인간으로서 어떻게 살아야 하는가?'에 대한 것이었다. 19세 때 키케로(Marcus Tullius Cicero, BC 106~BC 43)▪의 《호르텐시우스》라는 책을 읽은 뒤로 그는 참진리에 대한 답을 찾아 헤맸다. 그 일환으로 한때 마니교▪▪에 심취했고 첫 저서에서도 마니교의 미학을 다뤘으나 점차 그 교리와 사제들에게 실망을 느끼고는 교단을 떠난다.

아무리 열심히 노력해도 아우구스티누스에게 진리는 알 수 없는 먼 것으로 여겨졌다. 그는 회의주의학파에 동조하기도 하고 신플라톤주의에 빠지기도 하다가 383년 카르타고를 떠나 수사학 교사를

▪ 로마의 정치인, 변호사이자 라틴어 작가. 수사학과 법학을 공부한 그는 변호사로서의 소질을 충실히 발휘한 당대의 유능한 달변가였으며, 로마 공화정을 위협하는 야망가(카틸리나)에게 반박을 통해 음모를 밝힌 연설 '카틸리나 반박문'으로 유명하다. 저서 중 하나인 《노년에 대하여》는 많은 작가가 지금도 인용하는 명저다.

▪▪ AD 3세기에 페르시아 왕국의 예언자 마니(210~276?)에 의해 창시된 이원론적 종교. 아담에서 붓다, 예수, 조로아스터로 이어진 예언자의 마지막 계보가 '마니' 자신이라고 했다. 기독교와 조로아스터교, 불교 등이 혼합된(?) 그러나 일관된 교리를 가지고 있었다고 한다.

구한다는 로마로 간다. 그곳에서 아우구스티누스는 암브로시우스(Ambrosius) 주교를 만나 인생의 전환점을 맞는다.

암브로시우스 주교는 '나눔은 자선이 아니라 정의의 실천'이라는 신념에 따라 가난한 사람들을 섬기고 부유층의 탐욕을 선도하여 이웃과 소유를 나누는 사회선교에 열심이었다. 그의 설교를 듣기 위해 민중은 남녀노소와 빈부귀천을 막론하고 연일 몰려들었고, 그는 이들을 늘 겸손한 태도로 대하며 열심히 기독교 사상을 전했다. 아우구스티누스는 밀라노에서 암브로시우스 주교가 성서를 주석하는 설교를 듣고 점점 세속적 쾌락에 물들어가는 자신을 개탄했으며, 암브로시우스 주교가 테오도시우스 1세의 신앙인 학살 사건에 맞서 목숨을 걸고 인권을 주장하고 종교를 수호하는 모습에서 행동하는 성직자의 본을 이어받게 된다.

'종교는 사제를 위해 존재하는 것이 아니라 대중을 위한 것'이라는 종교 본연의 의식을 환기했으며, '신학은 물론 서양 철학사에도 지대한 영향을 미친 인물'로 아우구스티누스주의(Augustinism)라는 말이 생길 정도로 그 중요성을 인정받는 아우구스티누스의 학문은 이렇듯 자신의 삶을 통해 이루어낸 결실이었다. 그는 후대를 위한 권면의 마음으로 13권에 이르는 저서 《고백록》을 통해 자신의 오점이라고 생각될 수 있는 이단 활동과 방탕한 세월을 생생히 기록으로 남겼다. 《고백록》 외에도 《은총론》(당시 '선행구원론'에 반대해 구원은 오직 하느님의 은총에 의한 것임을 강조한 오늘날의 구원에 대한 의식) 등 교리와 구원 그리고 신학의 바른 해석을 담은 100권이 넘는 방대한 저작을 남겼다. 아우구스티누스는 신앙과 지식의 관계에 대해 '이해를 추구하는 신앙(fides quaerens intellectum)'이라는 입장을 취했다. 자신의 생을 관통해 진리를 추구한 이러한 입장은 신학과 철학 그리고 신학과 일반 학문을 함께 연구하는 중세의 스콜라 학풍에 지대한 영향을 미쳤으며 중세 이후 철학적 태도의 기반이 된다.

중세의 역사 속에 종교가 본연의 성찰에 이르지 못하고 권력의 상징이 되어 인간을 억압하는 상황들이 있었던 것은 분명하지만, 그럼에도 수많은 개혁의지를 통해 오늘날 종교가 사회 안에서 선한 영향력을 미칠 수 있는 것은 아우구스티누스가 일생을 통해 깨닫고 보여준 치열한 사유의 전통이 이어져왔기 때문일 것이다.

8일

오늘의 키워드: 복종

순종적 태도가 좋은 신앙의 자세일까?

토마스 아퀴나스

#스콜라_철학 #신학대전 #알베르투스 #소신

"인간의 행복을 위해서는 무엇을 믿고,
무엇을 꿈꾸고, 무엇을 행할지가 필요하다."

어떤 시대에서 다른 시대가 열릴 때는 핵심적 좌표가 되는 인물들이 있고 또 그 배경이 되는 사건들이 있기 마련이다. 여기서 이야기할 토마스 아퀴나스(Thomas Aquinas, 1224/1226~1274)도 그런 맥락의 인물이다. '철학의 암흑기'라 불리는 중세시대의 철창을 열고 데카르트가 근대를 향해 발을 내딛었다면, 데카르트가 말한 "나는 생각한다. 고로 존재한다"가 가능하도록 초석을 놓은 인물들이 바로 중세 초기 스콜라 철학자들이다.

교세가 확장될수록 권력을 향한 야욕으로 혼탁해지던 기독교의 세속화 속에서 신학자이자 성직자였던 아우구스티누스가 신앙 본연의 의미를 철저하게 연구하는 스콜라 철학의 기반을 다진 이후 중세 철학은 신학자이면서 사제들인 스콜라 철학자들의 연구를 통해 기존 교권주의의 폐단에 맞서나갔다.

토마스 아퀴나스는 서방교회의 저명한 신학자이자 스콜라 철학자다. 또한 자연신학의 선구자이며 서방교회에서 오랫동안 주요 철학적 전통으로 자리 잡은 토마스학파의 아버지이기도 하다. 현재 로마가톨릭교회는 아퀴나스를 신학자이자 박사로 추앙하고 있으며, 그의 이름을 딴 학교나 연구소 등이 오늘날에도 자주 보일 만큼 그의 영향력은 막강하다.

아퀴나스의 출생에 대해서는 기록이 전무해 지금도 의견이 분분하지만 그의 사망에 대한 학자들의 기록을 통해 출생연도를 추측해볼 수 있다. 그가 49세에 사망했다는 기록도 있고, 50세 혹은 48세에 사망했다고도 전해지는데, 이런 엇갈리는 기록을 볼 때 아퀴나스가 출생한 해는 최소한 그가 48세까지는 살았다는 가정하에 1224~1226년 사이로 추정하는 것이 보편적이다.

토마스 아퀴나스의 학문적 업적도 물론 중요하지만 가장 주목해야 할 것은 신과 인간의 범접할 수 없는 간격을 설정한 이원론적 기독교 전통이 그에 의해 신의 의지가 직접 닿아 있는 일원성의 인간으로 극복되었다는 점이다. "신의 은총은 자연을 파괴하지 않고 오히려 성취한다"는 주장이 그의 철학을 대표한다.

아퀴나스는 《신학대전》에서 하나님의 의지가 만물을 주관한다는 교리를 설명하면서 아리스토텔레스의 4원인론을 적용한다. 특별한 이변에 의해 방해받지 않은 모든 원인(본성)은 그 원인에 대한 결과를 필연적으로 만들어낸다는 인과사상을 응용한 것인데, 즉 그는 신의 은총(섭리)은 자연(인간)을 파괴하지 않고 그 잠재력을 충족시킨다고 보았다. 이렇게 은혜(신)는 자연(인간)을 파멸시키지 않고 오히려 완성하므로, 은총은 자연과 대립하지 않고 그 섭리를 자연(인간) 안에서 이어간다는 것이다. 그에 따르면 하나님의 창조물은 인간의 죄로 완전히 타락할 수 없고 은총은 불완전한 사상을 치료하므로 은혜는 두 가지로 나뉜다. 하나는 개인을 성화시키는 은혜이고, 다른 하나는 거저 주는 은혜다.

당대에는 너무 파격적이었던 토마스 아퀴나스의 이러한 인간적 종교철학은 가풍(家風)에서 비롯된 것이 아니었다. 그의 부모는 그가 몬테카시노 대수도원에 들어가 미래의 수도원장으로 성장해 당대 수도원장의 권위를 누리기를 바랐다. 그러나 1239년경 아퀴나스는 당시 교권주의로 혼란한 사회상 속에 수도사가 되는 수업을 중단하고 나폴리대학교에 입학한다. 역사학자들은 이때 아퀴나스가 아리스토텔레스의 철학을 받아들여 크게 의식의 전환을 맞은 것으로 본다.

미래의 촉망받는 수도원장이 되길 바라는 부모의 기대를 저버린 채 1244년 토마스 아퀴나스는 세상의 권위와 영광과는 거리가 먼 당시 새롭게 등장한 도미니코회■에 수도사로 들어갔다. 도미니코 수도원의 주선으로 파리로 유학을 가던 아퀴나스를 도중에 납치할 정도로 부모의 반대는 대단했다. 그의 부모는 1년여에 걸쳐 회유와 협박을 동원해 도미니코회에서 탈퇴할 것을 강요했으나 어떤 노력으로도 그의 소신을 굽힐 수 없었다. 가족들은 결국 1245년 여름 아퀴나스를 나폴리의 도미니코회 소속 수도원으로 되돌려 보내준다. 귀족의 아들로서 화려한 미래가 보장된 길 대신 청빈한 수도사의 길을 선택한 청년 토마스 아퀴나스의 일화는 이후 매 순간 정의에서 단호함과 겸손을 평생 실천한 종교인이자 학자로서의 삶의 태도를 그대로 대변한다.

토마스 아퀴나스는 자신의 소신을 고수하는 데는 단호했지만 원래 성격은 매우 내성적이고 소심했다고 전해진다. 사람들 앞에 나서기를 꺼리는 내성적인 그의 진가를 알아본 것은 스승 알베르투스 마그누스(Albertus Magnus)였다. 당대에 '보편박사'라 불릴 만큼 박식하고 개방적인 인물이었던 알베르투스는 덩치만 크고 수줍음이 많아 '말 더듬이 벙어리 황소'로 놀림받던 아퀴나스에게 아리스토텔레스의 사상과 개방적인 학문의 태도를 전수함으로써, 훗날 동료 수도사들과 수도회를 위해 투쟁의 최전선에 뛰어든 위풍당당한 스콜라 학자의 밑거름이 되었다. 토마스 아퀴나스 이전까지 중세의 이성(理性)은 "철

■ 1216년 교황 호노리오 3세로부터 인가를 받은 로마가톨릭교회 소속 그리스도교 수도회. 초창기에는 청빈을 중요시해 탁발 수도사로 생활했기 때문에 거지 수도회, 탁발 수도회 등의 별칭을 가지고 있었다. 엄격한 생활과 학문 연구, 설교, 교육 등에 중점을 둔다.

학은 신학의 시녀다"라는 문장이 말해주듯 종교에 눌리고 억압된 것이었다. 그러나 아퀴나스는 인간의 의지 안에 잠재한 신의 섭리를 주장하고, 그 의지를 실현시켜주고자 하는 신을 주장함으로써 '철학과 신학의 중보자(Mediator)'로 불리게 된다.

토마스 아퀴나스 이전에는 영혼과 육체를 구별해 육체에 머무는 의지를 죄된 것 또는 불완전한 것으로 바라보았으나, 아퀴나스는 '육체는 영혼의 유일한 형상'이라는 '영혼+육체=인간'이라는 관점하에 인간의 신체를 부정한 영혼의 감옥이 아닌 신의 의지가 존재하는 장소로 규명함으로써 죽어서 영혼이 될 때까지 무겁게 짓눌려야 했던 인간의 신체를 해방시켰다.

토마스 아퀴나스가 그의 삶을 통해 우리에게 시사하는 바는 "의식은 소신에서 싹튼다"는 것이다. 성공가도가 보장된 삶을 스스로 거부하고 온갖 회유와 협박에도 굴하지 않는 태도는 복종이 아닌 옳음에 대한 소신이 있었기 때문이다. 진리를 지향하는 성찰 속에서 종교는 수천 년의 세월에 걸쳐 앞의 아우구스티누스와 아퀴나스 같은 선한 소신으로 이어져왔다.

9일

오늘의 키워드: 약속

국가는 왜 필요할까?

토머스 홉스

#성악설 #사회계약론 #국가 #절대왕권 #리바이어던

"만인의 만인에 대한 투쟁!"

코로나바이러스감염증-19의 확산으로 연일 무거운 뉴스가 쏟아진다. 집 앞 상가의 헬스장 관장은 아주 어두운 낯빛이다. 정부가 내놓은 방책을 다 따랐는데도 휴관이 길어져 문을 닫게 됐다고 한다. 국민 한 명 한 명의 삶에 오롯이 영향을 미치기 마련인 국가의 결정이 그 어느 때보다 중요한 시기다.

토머스 홉스(Thomas Hobbes, 1588~1679)는 잉글랜드 왕국의 정치철학자로 개인과 국가를 연구한 최초의 민주적 사회계약론자다. 그는 영국 서남부 맘스베리에서 태어나 옥스퍼드대학교를 졸업하고 1640년 영국에서 시민혁명이 일어나자 파리로 떠나 12년간 망명자 처지로 정치 연구에 몰두하다 1652년 고국으로 돌아왔다. 돌아온 홉스의 눈앞에 펼쳐진 고국은 어떤 모습이었을까? 우리나라 전쟁사 자료를 볼 때 느껴지는 그런 황폐하고 비참한 장면과 다르지 않았을 것이다.

홉스의 《리바이어던》은 17세기 영국 의회파와 왕당파 사이의 참혹한 내전 시기에 난리통의 참상을 배경으로 1651년 출간되었다. 홉스는 당시 상황을 직접 목도하면서 인간은 체제가 없어지면 자신의 이익을 위해 서로가 서로에게 달려드는 늑대 같은 존재가 되기 때문에 어떤 종류의 질서라도 혼란보다는 낫다는 사상을 갖게 된다. 그는 인간의 개별적인 신체적·정신적 능력이 서로 고만고만한 수준이고 생명 보존을 무엇보다 우선시할 수밖에 없는 존재라서 자기보존에 위협을 느끼면 본성적으로 폭력적인 방법으로 대처한다고 보았기에(홉스는 성악설을 지지한다), 법률이나 국가와 같은 통제체제가 없는 자연상태의 인간을 '만인의 만인에 대한 투쟁'의 상태로 보았다.

이런 자연상태가 평화로워지기 위해서는 본성을 어느 정도 접고 자신이 안전함을 누리는 만큼 타인의 요구를 허용하는 약속이 이루어져야 하는데, 문제는 개개인의 상호간 약속은 언제든 배신에 의해 강압적으로 깨질 수 있다는 것이다. 그런데 약속이 깨지는 순간 개인은 이 배신을 응징할 힘이 없기 때문에 제3의 강제적 개입이 필요하다. 이런 이유로 개입된 강제력에는 쌍방의 계약에 의한 위임의 형식이 필요하다. 홉스는 이런 배경에서 출현한 것이 오늘날 국가의 형태라고 주장한다. 그렇기 때문에 홉스의 '국가(state)'는 단순한 형식에 그치는 것이 아니라 신적 권위와 인간적 이해를 다 포함하는 절대적 힘을 함의한다. 국가권력이 상징하는 것을 힘으로 보기에 홉스의 국가론은 혼란을 야기하지 않을 절대적 질서와 체제를 이상으로 삼고, 이를 강력한 괴물 '리바이어던'에 비유한다.

우리는 현재 국민으로서 국가에게 자신의 권리를 양도한 계약 상태다. 위임을 받은 국가는 계약인의 안전을 도모해야 하며 때때로 강제적 개입을 통해 그 계약을 지켜야 한다. 이를 믿고 우리는 열심히 세금을 낸다. 홉스는 이런 인간의 본성에서 출발한 사회조직과 국가형성을 연구했고, 《물체론》《인간론》《시민론》《법의 원리》 등의 저작에서 짐작할 수 있듯이 사회적 존재로서의 인간과 그 본성에 대한 방대한 연구로 여러 학문에 큰 사상적 단초를 남겼다. 《리바이어던》은 그가 남긴 최고의 학문적 업적으로서 '교회 및 시민 공동체의 내용·형태·권력'이라는 부제가 말해주듯 인간의 본성과 신학적 문제, 철학적 원리와 사회 그리고 국가형성의 근거에 이르기까지 인간 사회 전반을 담은 대작이다.■

리바이어던은 구약성서 〈욥기〉에 나오는 괴물 이름이다. 책표지에

■ 국가를 학문적으로 정립한다는 것은 개인, 가족, 사회, 환경, 역사, 종교, 시민, 법 등의 특성과 사례의 연구작업이 모두 완료되어야 가능한 것이라서 국가를 연구한 사람들의 연구 내용은 매우 전위적이고 광범위하다. 플라톤, 헤겔, 마르크스 등의 저서를 생각해보라! 홉스의 통찰은 분야마다 매우 날카롭고 정교하다는 면에서 오늘날 학문의 근간이 되기에 충분하다고 여겨진다.

묘사된 리바이어던을 자세히 보면 각각의 사람이 모여서 몸통을 이루는데, 이는 중세의 교황권과 교회권력으로부터 해방된 시민들이 구현한 절대권력의 통치자를 가리킨다.

《리바이어던》 책표지

《리바이어던》에 함의된 홉스의 사상은 근대 시민권에 대한 법적 연구와 실천에도 영향을 미쳤을 뿐만 아니라, 현재까지도 정치철학과 사회학의 사상적 고전으로 지대한 영향력을 행사하고 있다.

홉스는 절대군주 한 명의 강력한 통치를 주장한다는 점에서 플라톤의 《국가》와 관점이 유사한데, 즉 절대자의 권력의지가 '선하다면' 강력하게 행사될수록 더 완전한 사회가 구현된다고 보는 관점이다. 헤겔도 《법철학》에서 국가의 이상적 존립 형태로 세습되는 절대군주의 통치체제를 제시하는데, 헤겔 역시 프랑스혁명의 과정을 목도하면서 혼란한 사회를 바로잡기 위해서는 플라톤이나 홉스와 같이 강력한 통치자의 권력이 필요하다고 본 듯하다. 그러나 절대권력을 가진 통치자를 주장하기 위해서는 권력자의 자질을 빼놓을 수 없다.

그래서 폭군, 폭정의 우려와 관련해 홉스는 철저한 현실주의적 안목으로 군주의 자질과 역할에 대해 엄청난 분량을 할애해 세세한 조언을 한다.

한편 홉스의 국가형성 논의와 더불어 자주 거론되는 인물이 있는데, 잉글랜드 왕국의 철학자이자 정치사상가인 로크(John Locke, 1632~1704)다. 로크는 홉스와 달리 자연상태의 인간을 주체적이고 질서형성 능력이 있다고 생각했다. 자연상태에서 인간은 질서를 만들고 유지할 수 있는 존재이며, 선악이 없는 상태이고, 자연상태에서도 평온하고 평등할 수 있다고 보았다. 하지만 완전한 평온의 상태가 아닌 급진적 선동이나 위협에 휘둘릴 수 있는 상황이기에 개인의 소중한 노동으로 만들어낸 재산에 주목해 로크는 자연권인 재산을 지키기 위한 국가의 역할을 주장했다. 이에 따라 자연상태의 인간은 국가에 재산의 보호에 관한 최소한의 권리를 일부만 위임한다. 홉스와 달리 로크는 국가의 권력을 최소화한 국민주권설을 주장하고 의회 중심의 분립내각을 구상했다. 로크가 국가의 방향이 국민과 맞지 않을 때 국민의 저항권을 주장한 것도 홉스와 다른 양상의 국가 관점을 보여준다.

홉스의 《리바이어던》이 오늘의 우리에게 시사하는 것은 국가라는 강력한 체제에 대한 환기와 권력을 위임한 우리가 기억해야 할 계약 내용들이다. 우리는 개인들 간의 자유와 안전을 서로 보호해주기로 이미 약속한 존재다. 우리가 사는 사회는 자신이 누리고 싶은 안전을 위해 타인의 안전을 먼저 보호해주면서 서로 공존하기로 약속이 체결된 장소인 것이다. 다만 그 약속의 권위를 국가라는 제3의 체제에 위임했을 뿐, 우리는 서로에게 약속을 이행할 의무와 책임이 있다. 인류 역사에는 지속적으로 폭력적 권력자들이 출현해왔다. 그런데 홉스의 '리바이어던'의 몸통이 인간 한 사람 한 사람의 몸으로 이뤄졌다는 것을 상기해보면 우리 스스로가 가진 힘을 인식할 수 있을 것이다. 우리가 서로에게 했던 약속들, 이웃의 안전을 위협하지 않겠다는 약속이 지금 그 어느 때보다 소중한 시기다.

10일

오늘의 키워드: **자존감**

내 안에는 나를 이끄는 힘이 있을까?

바뤼흐 스피노자

#코나투스 #자연 #신 #양태 #변용 #자기보존

"진리는 인내와 시간에 따라 저절로 밝혀질 것이다."

오래전 잘못된 사람을 선택해 고민하던 친구가 "너무 힘든데 어떻게 하면 좋겠냐?"고 물어왔을 때 "너는 이미 답을 알고 있잖아"라고 대답한 적이 있다. 그때 친구는 황폐하고 주눅이 든 모습으로 "그렇지, 알고 있지…" 하며 고개를 끄덕였다. 그때 친구가 이미 알고 있던 답은 '지금의 상대는 내가 갈 길이 아니다'였을 것이다. 그런데 정말 사람들은 자기가 가야 할 길을 알고 있을까?

스피노자(Baruch de Spinoza, 1632~1677)는 네덜란드 암스테르담에서 태어난 포르투갈계 유대인 혈통의 철학자다. 그의 아버지는 가톨릭교회의 종교재판과 유대인 탄압을 피해 망명한 유대계 상인이었고 친할머니는 로마가톨릭교회에 의해 마녀로 몰려 화형을 당했다고 하는데, 이런 환경의 영향 때문인지 스피노자는 늘 종교에 대해 회의적이었던 것 같다. 유대 공동체에서 전통적 유대식 교육을 받았고 율법학자(랍비)가 될 재목으로 촉망받을 만큼 학문적으로 뛰어났지만, 그리스 철학과 이슬람 철학을 접하면서 확장된 그의 의식은 불경한 것으로 간주되었고 그는 신을 부정하고 유대교 교리를 비판했다는 이유로 26세에 유대교 사회에서 추방되었다.

이후 먹고살기 위해 렌즈 세공 일을 시작했는데, 이때 광학에 대한 관심이 싹텄고 과학에 대한 신뢰가 형성되었다. 렌즈 세공을 하지 않는 시간에는 책을 읽거나 철학을 연구하고 친구들이나 다른 질문자들과 서신을 주고받으며 시간을 보냈다. 그러는 사이 스피노자의 연구 모임이 있을 정도로 사상적 팬들이 생겨났다. 이를 계기로 《신학정치론》을 익명으로 출간했지만, 당시 위험한 사상이라는 논란이 일어 사후에야 정식 출판되었다.

스피노자는 로크, 라이프니츠 등의 학자들과 교류하며 교수로 초빙될 정도로 학문적 역량을 인정받았음에도 일체의 권위와 명성을 거부하고 아버지의 유산조차 전부 여동생에게 양도한 채 렌즈 세공을 생업으로 삼아 근근이 살다가 44세에 폐병으로 고단한 삶을 마감했다.

모든 것은 '하나의 실체'이며 우리는 그 일부이고 실체를 통솔하는 질서만이 존재한다고 주장한 그의 세계관을 일원론적 범신론이라 한다. 스피노자는 신과 자연을 같은 실체로 보았다. 스피노자의 관점에서 존재하는 것은 신 혹은 신의 양태다. 신을 제외한 모든 것은 신의 의지를 담은 양태로서 존재하며 인간을 비롯한 사물들은 모두 유한한 양태에 속한다.

스피노자는 인간의 본질에 대해 코나투스(conatus)라는 개념을 주장했는데, '코나투스'란 인간을 비롯한 모든 유한한 사물들, 즉 모든 유한한 양태들의 본질이자 의지다. 양태는 온전한 신의 의지를 담고 있기 때문에 이 양태들의 의지는 나쁜 것일 수 없다. 이러한 신과 그 양태로서의 인간과 사물들에 대한 입장, 즉 범신론은 지금 보면 오히려 모든 것에서 신을 느낀다는 점에서 교리에 갇힌 일반 종교인들보다도 훨씬 더 신실하게 여겨진다. 그럼에도 불구하고 그의 사상이 온전히 녹아든 《에티카》 등의 저서가 오랫동안 금서로 봉인되었다 하니 중세라는 이름의 철문은 도대체 얼마나 두꺼웠던 것일까.

스피노자의 코나투스는 신의 섭리 안에 있는 모든 사물의 의지를 말하며, 동시에 스피노자 철학체계의 질서와 선악의 가치 그리고 행동의 동기가 되는 원리로 작용한다. "우리가 어떤 것을 향해 노력하고 그것을 원하고 욕구하고 욕망하는 것은 우리가 그것을 좋은 것이라고 판단하기 때문이 아니다. 반대로 우리가 그것을 좋은 것이라고 판단하는 것은 우리가 그것을 위해 노력하고 그것을 원하고 욕구하고 욕망하기 때문이다."[*]

따라서 우리는 자기 욕망에 대한 실질적 정의에 이르러야 한다. 이 정의는 동시에 어떤 원인에 의해 의식이 욕구의 과정에 새겨지는가를 보여주어야 한다. 그런데 욕구는 각 사물이, 각각의 신체와 사유에 속하는 각각의 영혼, 각각의 관념이 자신의 존재 속에 계속해서 머무르려는 노력, 즉 코나투스에 다름 아니다.[**]

우리가 각자 추구하는 의지는 저마다 다르고 그 다른 대상에 의해 나의 코나투스가 영향을 받을지라도 자신의 존재 안에 남아 있으려는 의지가 있는 한 자신의 존재 안에서 지속하려는 노력은 그 사물이 지속하는 한 계속된다.[***] 그러나 스피노자는 이 노력이 우리가 만나는 대상들에 따라 변용될 수 있기에 매 순간 대상들에 의해 변용이 결정된다는 것을 잊지 말아야 한다고 주의를 준다(그래서 어울리는 대상, 주변 환경이 중요하다).

스피노자는 어떤 사물이 다른 사물보다 코나투스를 더 많거나 더 적게 가질 수 있다고 말한다. 더 많은 코나투스를 가지고 있을수록 그 사물은 그만큼 더 자립적이며 더 변용되지 않고 '그 자체'로 있을 수 있다는 것이다. 우리가 일상에서 종종 쓰는 '누구는 자존감이 높

[*] 질 들뢰즈 저, 박기순 역, 《스피노자의 철학》, 민음사, 2001, p. 36~38에서 인용.

[**] 홍영미, 〈스피노자의 코나투스 이론〉, 철학연구회 kci 논문 본문 직접 인용.

[***] 사실 코나투스를 스피노자보다 더 먼저 글에 쓴 것은 홉스다. 프랜시스 베이컨의 비서였던 홉스는 베이컨을 통해 과학적 세계관을 익혔고 이탈리아 여행에서 갈릴레오를 만나 토론하면서 '관성의 법칙'이라는 개념을 접한다. 이를 바탕으로 홉스는 모든 존재는 자기보존의 욕구, 항상성을 지닌다는 것을 '코나투스'로 설명했다.

다' 또는 '누구는 자존감이 낮아서 문제'라는 표현을 코나투스로 바꿔본다면, '어떤 사람은 코나투스가 충만하고 어떤 사람은 코나투스가 변용에 갇혀 축소되었다'고 할 수 있다.

대상에 의해 휩쓸린 변용들을 걷어내고 스스로의 모습을 찾으려는 고민 속에서 또한 자신에게 좋은 정서와 유익함을 주고자 하는 부단한 노력 속에서 자신의 코나투스의 존재를 확인한다면, 자신을 신뢰하고 남의 판단에 흔들리지 않는 능동적인 자아를 가질 수 있다. 자기다움에 당당할 때 인간은 더 완전하고 자유로우며 행복한 길로 안내될 수 있다는 것이 스피노자가 생애 내내 탄압과 비판을 무릅쓰고 몸소 보여주고자 했던 코나투스의 실천일 것이다.

11일

오늘의 키워드: 회의

지금의 내가 나라는 것을 어떻게 확신하는가?

르네 데카르트

#해석기하학 #회의 #생각하는_나 #성찰

"나는 생각한다. 고로 존재한다."

보통 위인(偉人)이라 하면 대부분 상상의 범주를 뛰어넘는 기개나 업적을 객관적으로 인정받은 말 그대로 비범함을 증명받은 사람들일 텐데, 그 위인들 중에서도 대(大)라는 수식어가 붙는 위인이 있다. 대학자, 대수학자처럼 대단한 위인 중에서도 더 대단한 사람들, 그들을 우리는 전설이라 부른다. 철학인물사전을 빼곡히 채운 철학자들 가운데 프랑스의 철학자이자 수학자 르네 데카르트(René Descartes, 1596~1650)도 단연 그런 전설적 위인이라 할 수 있다.

철학에서 "너 자신을 알라"라는 소크라테스의 명언과 쌍벽을 이루는 말이 있다면 "나는 생각한다. 고로 존재한다(Cogito ergo sum)"라는 데카르트의 문장일 것이다. 당연하고도 한편 쉬워 보이는 데카르트의 이 산물이 바로 중세 1,000년의 암흑을 깬 근대로의 주문이기 때문이다. 중세의 역사에서 인간의 이성은 신의 계율을 잘 따르기 위한 도구였기에 인간이라는 주체 또한 무조건적으로 신의 존재를 닮아야 하는 신의 섭리로의 주체였다. 이렇게 신의 관념에 꽁꽁 묶인 인간의 의식과 주체에게 데카르트의 '나'는 종속을 푸는 열쇠이자 해방의 빛이었다.

법조계 가문에서 태어나 당대 유서 깊은 교육기관에서 교육을 받고 법학과에 입학한 데카르트는 당연시되던 수순대로 법조인의 계보를 이어가지 않고 평생 가문 밖으로 돌며 전쟁 때마다 수시로 군에 자원 입대했고, 전쟁이 끝나면 새로운 도시를 떠돌며 가정교사로 전전하기도 하면서 여러 학문을 연구했다.■ 대학 시절 특히 수학, 자연과학, 스콜라 철학에 심취했던 그는 이후 여러 영역에 걸쳐 지대한 업적을 남기게 된다.

데카르트가 이룬 학문의 성과이자 지금 우리가 사용하는 방정식, 함수, 좌표, 해석기하학 등의 공식과 법칙들은■■ 이후 뉴턴역학을 비

■ 철학자 중에는 재산이 많음에도 이에 연연하지 않고 스스로 생계와 학업을 이어간 사람들이 종종 있는데, 이성 안에서 진리를 추구했기 때문일까? 탐욕에 마음이 소란한 사람들에게 필히 철학을 권해야겠다.

■■ 일상에서 흔히 사용하는 거듭제곱의 표기법을 만든 것, 방정식의 미지수에 처음으로 x를 사용한 것, 직교좌표를 고안해 이전까지 독립적으로 다루었던 대수론과 기하학을 체계적으로 융합시킨 것 등등이 있다.

롯해 근대 수학과 과학의 발전에 토대가 되었다. 데카르트뿐만 아니라 고대 그리스의 피타고라스 이후로 철학사는 계속해서 수학의 발전에 기여해왔다. 그런데 왜 철학자들은 복잡한 수의 법칙들을 만들어내는 데 몰두했을까? 데카르트의 수학에 대한 열정의 배경에는 중세 스콜라 철학의 영향이 있다.

데카르트가 활동한 시대는 종교에 대한 회의주의에서 싹튼 개혁의지가 있었음에도 여전히 철학이 신학으로부터 독립하지 못한 상황이었다. 스콜라 철학자들은 꾸준히 이성의 회복을 일깨우며 교리와 계시로부터 독립된 인간을 주장했지만, 당시의 엄격한 사회 분위기 속에서는 우주나 인간에 대한 진리를 신을 떠나 능동적으로 탐구할 수 없었다(지동설을 주장한 갈릴레오 갈릴레이의 인생 말년을 보면 사회의 서슬 푸른 통제가 짐작이 간다). 하지만 데카르트는 자기 세대에 기필코 신학의 명령에 따르는 것이 아닌 인간의 이성을 확립하는 철학의 시대를 열어야 한다는 신념이 있었다. 데카르트는 인간의 이성으로 진리에 도달할 수 있다는 확신에서 정확한 방법으로 논리를 통해 진리를 추구하고자 했다. 철학은 철저한 논리의 학문이다. 소크라테스 이래로 철학은 늘 논리적 사고를 통해 참인 명제에 도달했으며, 그 전통에 입각해 데카르트 역시 존재를 규명하고자 했다.

그 염원을 담은 데카르트식 철학은 일단 세상에 있는 모든 것(존재, 개념, 법칙 등)을 의심하는 것이다. 역사도, 문화도, 관습도, 과학적이라는 주장들도 의심으로 접근해보면 '반드시 그렇다고 통용되어온 것들이 꼭 그렇지만은 않은 것'으로 밝혀질 때가 많고, 세습된 관념은 물론 자연법칙(자연이야말로 시시각각 변하니 당연히 변수가 있을 것이다)과 과학법칙조차도 그 값이 '참'이려면 모든 실험에서 매번 같은 결과가 나와야 하는데 데카르트에겐 오류투성이로 보였다. 데카르트에게는 그 참을 증명하는 방법이 수학의 증명 방식이었다. 이 수학적 증명을 통해 낳은 명제가 바로 "나는 생각한다. 고로 존재한다"이다. 데카르트의 존재하는 진리로의 인간, 즉 '생각하는 나'는 억압으로부터의 출구이자 근대의 입구를 여는 열쇠가 된다.■

데카르트는 《성찰》(1641)에서 절대자(신)의 법칙도 옳지 않을 수 있고 자신의 이성조차 미쳐 있을 수 있다며, 모든 것에 대한 진위를 의심해보라고 말한다. 데카르트의 "코기토 에르고 숨"은 그냥 던진 문장이 아니라, 이렇듯 순간순간을 치열하게 의심하고 질문한 데카르트 생애 전반의 신음이다. '나는 생각한다'는 곧 인간 주체로부터 세계의 모든 것들에 의미를 부여하려는 주체 중심적 철학의 시도였다.

우리 모두 저마다 삶의 고민들을 안고 살아간다. 현실 속 인간관계, 코앞에 당면한 여러 문제들, 미래에 대한 두려움 등. 데카르트는 그때마다 의심하라고 당부한다. 문제 유형을 제대로 바라보고 있는지, 조건들은 충분히 검토했는지, 무엇보다 그 문제를 풀고 있는 내가 정말 나 자신의 의식으로 문제를 푸는 것이 맞는지! 데카르트는 내

■ 중세에 개인은 기존 가치를 따르기만 하는 복종의 주체이므로 데카르트의 입장에서 인간은 이름만 바뀐 전 세대의 망령들에 불과했을 것이다. 생각하고 의심하고 질문하는 것은 살아있는 삶의 특권이다.

문제를 '엄마의 의식'으로 푼다면 나는 그 장소에 존재하지 않는 것이라고 말한다. 자신의 실패를 '남 탓'으로 돌린다면 역시 거기에도 나란 존재는 없다고 말이다. 내 생각, 내 의식 없이 말하고 행동하고 선택하는 것은 몸을 가진 허깨비라고 경고한다. 지금 당신은 존재하는가? 허깨비인가?

쉬어 가기 02

이치가 먼저인가 실천이 먼저인가?

#성리학 #주리론 #주기론 #이발 #기발

앞에서 살펴보았듯 1200년대를 기점으로 서구의 이성은 인간의 본성에 대해 고민하고 신과 이성 사이에서 의식의 싹을 확장시켜나갔다. 존재의 근원을 이해하고자 하는 아퀴나스, 스피노자, 데카르트로의 여정처럼 이 무렵 이 땅에서도 유학사상의 논점을 우리 실정에 입각해 연구하는 논의가 활발히 전개되었다. 그 중심에 조선시대를 대표하는 퇴계 이황(1501~1570)과 율곡 이이(1536~1584)가 있다.

쟁쟁한 위인들을 제치고 이들이 지금까지도 사람들의 존경을 받는 이유가 무엇일까? 두 학자는 학문의 내용을 현실로 확장해 사회적 윤리적 갈등과 체제의 불균형을 해결하는 데 기여하는 등 외우고 답습하는 학풍을 넘어 현재 우리에게도 그 유용성을 시사하는 학문의 토대를 마련했다. 또한 이들을 기점으로 후대 학자들이 자기의식을 계발하는 주도적 학문의 태도를 실천했고, 시대 변화에 따라 백성들의 삶에 학문이 기여할 수 있다는 의식을 갖게 되었다는 점도 주목할 만하다. 그러나 무엇보다 조선시대 전체를 통틀어 이들만큼 '존재'의 기원과 공존 방법에 대해 문제의식을 가지고 치열하게 연구한 학자가 없었다. 이후 우리 민족의 '얼'이라는 민족의식은 조선의 대학자 이황과 이이의 현실적 연구에 기인했다 해도 과언이 아니다.

그러나 이들의 학문적 입장은 서로 다르다. 퇴계 이황은 연산군 시절에 태어났으나 다행히(?) 당시엔 좀 늦은 나이인 30대에 관직에 올라 연산군 재위기간에 선비들에게 미친 피바람을 면할 수 있었다. 인조반정으로 왕권을 이어받은 명종이 너무 어리다는 이유로 들어선 문정왕후의 섭정이 조정 전반에 이르자, 이황은 1545년 '을사사화' 이후 조정에 머물기를 거부하고 늦은 나이에 오른 관직에서 물러나 고향에서 조용히 후학을 양성한다. 고향 서원에서의 순순한 학풍은 마치 소크라테스의 심포지엄처럼 제자들과 학문적 주제에 대한 깊은 토론 속에서 통찰을 찾는 것으로, 이는 당시 조선의 서원문화를 일으킨 기폭제이기도 했다.

당대 학자들의 선망이 되었던 이황의 학문은 주자보다 더 주자학을 잘 이해한다는 칭송을 받을 만큼 깊었으며 일본의 성리학에 영향을 미칠 정도였다. 선조 임금은 이러한 이황을 몇 번이나 조정으로 불렀으나 이황은 이를 고사했고, 대신 그 유명한 병풍 교육 '성학십도(聖學十圖)'를 선조에게 보내 군주의 도리를 권면했다고 하니 이황의 본질 추구형 연구자적 성향을 엿볼 수 있다.

그런데 꾸준하고 정쟁에 휘말리기 싫어하는 이황의 조용한 태도와는 달리 그의 사상은 진보적이었다. 그는 사물의 이치가 되는 이(理)의 능동성을 강조하는 주리론을 주장했는데, 이는 율곡 이이의 주기론과는 대조적인 관점이다. 기(氣)의 근원이 되는 에너지의 큰 틀인 이의 능동성을 강조했다는 데서 우리는 변화하는 세상에 주목한 깨어 있는 그의 세계관을 알 수 있다.

늦은 나이에 벼슬길에 올라 묵묵히 학문에 정진한 이황에 비해 율곡 이이는 어린 나이(22세)에 과거에 급제하고 29세에 응시한 문과 전시(殿試)에 이르기까지 아홉 차례의 과거에 모두 장원해 '구도장원공(九度壯元公)'이라 일컬어질 만큼 등장부터 천재성을 드러낸 학자였다. 이이는 이황과는 다른 당차고 개혁적인 자세로 학문에서도 진취적이고 실천적인 자세를 취했다. 선조는 이황이 낙향한 이후 이런 자세의 이이에게 의지했으며 전폭적으로 신임했다. 당연히 주위의 시기질투를 받았으나 이이는 이에 개의치 않고 꿋꿋하게 《성학집요(聖學輯要)》를 통해 학자들에게 임금을 가르칠 바른 의무를 직언했고, '십만양병설'을 주장하는 등 현실적 정책들을 제안했다. 율곡의 사상은 만물을 움직일 수 있는 실천의 에너지인 기의 요소를 이보다 강조한 주기론의 입장이다.

존재에 대한 성찰과 현실 개혁의지의 기반이 되는 이들의 기발(氣發)과 이발(理發) 사상을 정리하자면, 이황의 주리론은 이발의 입장으로 원리적 질서를 중시하며 현실보다 원리원칙을 중요시하고 도덕적 자기완성과 삼강오륜의 실천을 강조한다. 그리고 이이의 주기론은 경험적 현실 세계를 중요시하는 기발의 입장이기 때문에 현실 개혁적이다. 형이하의 현실을 개혁해야 형이상이 실현된다는 것으로, 이의 절대성을 부정하고 물질적이고 경험적인 기를 중요시한다.

여기서 지금까지의 정리로 언뜻 오버랩되는 철학자들이 있다면 플라톤과 아리스토텔레스가 연상되기도 하지만, 구체적인 내용을 보면 뒤에 이어질 칸트와 헤겔이 맥락적으로 더 유사하다. 놀라운 것은 당대 우리의 사상이 서구 개혁의 역사 속에서 앞선 문명을 누렸던 학자들과 비교해 시기적으로 앞서 있다는 사실이다. 다음 장에 이어지는 이야기들을 통해 그 내용을 확인해보자.

3장

근대

인간의 이성은 우리 삶에 어떤 역할을 할까?

서양의 근대는 신의 역사 속에 오랜 기간 눌려 있던 인간에 대한 이야기로 다시 세상을 채우고자 한다. 이제 시대의 주인은 신이 아니라 인간이다. 고대 그리스 최초의 소피스트 프로타고라스의 "인간은 만물의 척도다"라는 주장은 근대에 들어 세상 전체의 법칙으로 자리 잡는다.

근대에 이르러 철학자들은 인식의 능력을 개인으로부터 우주, 세계, 국가, 자연에 이르기까지 모든 영역의 가능성으로 주장했다. 데카르트의 "나는 생각한다. 고로 존재한다"의 '나'는 신보다 더 효율적으로 모든 사람의 이상을 만족시키고자 하는 벤담의 '행복'이 되고, 헤겔의 '절대이성'이 되고, 마르크스의 체제 전복을 위한 '힘'이 된다. 세계의 모든 것들은 이제 존재를 위한 것이다. 더 이상 신을 위한 복종은 없다. 세상은 인간의 인식 아래에 놓여 그 정체성이 판단된다.

근대 철학의 초기 모습은 이렇게 인간만이 위풍당당하게 강조된다. 이런 전개는 칸트를 위시해 헤겔로 마무리된 독일 관념론에서 절정에 달하는데, 인간의 정신은 보고 듣고 만지는 감각 하나하나에서 세계의 모든 것들을 구체적으로 명시화한다. 칸트, 피히테, 헤겔로 이어지는 철학의 계보는 점점 더 인간의 엄청난 이성의 능력에 대한 주장으로 점철된다.

그러나 인간의 감성적 본성과 욕구까지 이성의 한 줄기로 다스리려고(?) 하는 절대이성은 얼마 못 가 사람들을 지치게 만든다. 헤겔의 절대이성주의에 대한 반발로 지금 현재의 욕망을 직시하는 쇼펜하우어, 키르케고르로 이어지는 실존주의가 등장하고 니체와 하이데거, 사르트르로 이어지는 실존철학의 맥락은 지금 우리 시대의 문제의식으로 현존재를 고민하는 철학을 끌어당긴다.

12일

오늘의 키워드: **책임**

당신의 정언명령은 무엇인가?

이마누엘 칸트

#쾨니히스베르크 #시계_아저씨 #비판철학#코페르니쿠스적_전환 #물자체 #정언명령

"네 의지의 준칙이 동시에 보편의 원칙이 될 수 있도록 행동하라!"

칸트(Immanuel Kant, 1724~1804)는 쾨니히스베르크*라는 도시에서 말에게 채우는 장비를 만드는 아버지와 경건하고 독실한 어머니 사이에 11명의 자녀 중 넷째로 태어났다. 이런 출생 배경만으로도 칸트의 삶이 유복하고 자유로운 것과는 거리가 멀게 느껴진다. 게다가 13세 때 어머니가 세상을 떠났고 어린 시절부터 대부분 학교에서 혼

* 칸트가 태어나서 죽을 때까지 살았던 도시. 칸트는 다른 유수의 대학에서 제안한 좋은 대우를 보장하는 교수직을 거절하고 고향에 있는 모교를 떠나지 않았다.

자 지냈으며, 형편이 넉넉지 않은 여러 학자들처럼 젊은 시절 대부분을 가정교사(9년)와 시간강사(15년)로 지냈다.

유학은커녕 고향에서 멀리 벗어나본 적도 없는 칸트는 평생 독신으로 살며 학문에 매진했다. 주변 사람들은 칸트가 나타나면 '아, 지금이 몇 시구나!' 하고 시간을 알았을 만큼 한평생 정확하고 일정한 패턴으로 살았다고 한다. 이 존경받아 마땅한 성실함 자체로 이미 칸트는 '실천이성'을 실현한 셈이다. 이런 철저한 삶의 형태는 고스란히 그의 학문에 임하는 자세와 그 결과에도 반영된다.

탄탄하고 소상한 근거와 꼿꼿한 윤리의식으로 그는 근대 철학사상의 획을 긋는 압도적 철학서 《순수이성비판》(1781, 당시 나이 57세)과 《실천이성비판》(1788, 64세), 《판단력비판》(1790, 66세)을 남겼다. 이 저서들의 저작 시기를 보면 그가 자신의 연구 결과를 출간하는 데 얼마나 완벽을 기하고자 노력했을지 짐작이 된다.

칸트 이전 근대 철학의 주요 흐름은 영국의 경험론▪과 대륙의 합리론▪▪이었다. 르네상스 시대에 문화 부흥과 자연과학의 발전으로 유럽 곳곳에서는 다양한 사유를 주장하는 철학사조가 생겨났다. 영국에서는 로크, 홉스, 버클리, 흄 등의 경험론이, 대륙에서는 데카르트, 스피노자, 라이프니츠의 합리론이 일어났다. 프랑스에서는 프랑스혁

▪ 경험론은 말 그대로 직접 경험으로 얻은 증거 외에는 인정하지 않는 입장이다. 지식에 관한 가장 보편적인 관점이기도 하다.

▪▪ 합리론은 개개인마다 다를 수 있는 주관적 · 우연적 경험보다는 이성적 · 논리적 · 필연적 인식을 강조하며 정확성을 중시하는 입장이다.

명 이전 봉건체제를 비판하는 볼테르와 루소 등의 계몽주의가 후대까지 영향을 미치는 주요한 사상이 되었다. 이런 쟁쟁한 인물들 속에서 칸트는 이들의 팽팽한 대립을 종합적으로 묶어내는 위대한 작업을 이루어냈다.

칸트가 대단한 철학자로 칭송받는 것은 각각 타당성을 갖춘 경험주의와 합리주의라는 학문 경향을 통합하는 과정에서 인간의 '인식'이 성립할 수 있는 조건과 한계를 구체적 범주로 일일이 확정하는 엄청나고도 방대한 작업을 해냈기 때문이다. 또한 《순수이성비판》에서 인간의 이성이 지닌 한계를 지적하면서도 인식에 선험적 형식을 도입하는 이른바 '코페르니쿠스적 전환'을 시도함으로써 인간의 주체적 역량을 강조한 철학의 기류를 형성했다. 이는 인식의 가치를 대상보다 우선으로 둔 것으로 "인간 없이는 전체의 우주만물이 그저 허접쓰레기(Wüste)에 불과할 것이며 헛된 것이고 궁극적 목적이 없을 것이다"라는 말 그대로 인간을 세계의 인식 주체로 주장한 것이다.

우리의 감각기관은 직관에 의존해 대상들을 받아들이는데 그렇게 감성(직관)으로 받아들인 내용을 이성(범주, 개념)의 도움으로 정돈하고 종합해야 '인식'이 성립한다는 매우 합리적인 설명을 하며, 칸트는 《순수이성비판》에서 "내용 없는 사고는 공허하고, 개념 없는 직관은 맹목적이다"라는 멋진 문장을 남겼다. 칸트의 대표 저서 《순수이성비판》《실천이성비판》《판단력비판》은 말 그대로 이 세상의 본성적인 것과 이성적인 것, 윤리적인 것의 기존 관념들을 비판적 시각으로 재정립한 것으로, 그의 철학을 '비판철학'이라 부르게 된 계기이며 칸트식 독일 관념론의 바탕이다.

칸트는 이성의 힘을 절대시하는 관념론의 대표자로 일컬어지지만 이성의 논리로 설명할 수 없는(영혼이나 직관 같은) 개념체계 바깥에 존재하는 '물자체(Das Ding an Sich)'라는 부분을 상정했기 때문에, 이후 피히테나 헤겔 등 모든 것을 절대적 이성의 능력으로 설명할 수 있다고 주장하는 절대적 관념론자들에게 비판을 받는다. 칸트가 이성으로 설명하지 못하는 초월적 부분을 상정했기에 칸트 철학을 '초월적 관념론'이라 부르기도 한다.

칸트의 윤리적 관점인 정언명령은 '너의 준칙(행위의 근거)이 보편타당한 법칙인 것처럼 행위하라는 것'이다. 칸트는 인간이 이성을 통해 삶의 초석이 되는 궁극적 도덕법칙(옳은 것)을 알아낼 수 있는 능동적 이성을 가졌다고 전제한다. 칸트에게 도덕이란 행위의 결과나 보상과 상관없이 단지 그것이 옳다는 이유로 행해져야 할 어떤 것으로서 이런 점에서 결과에 따라 판단이 달라지는 공리주의와는 대립된다(다음 장에서 살펴볼 것이다). 결과가 좋을 것을 예상하고 취하는 행동은 칸트에게 도덕적이지 않다. 행위의 결과나 행위 자체보다 행위자의 동기를 중시하는 것이 칸트 윤리의 핵심이며, 도덕법칙은 칸트가 옳음의 기준으로 제시한 규범으로서 개인적 의지를 보편적 규칙으로 삼아도 될 만큼 행동하라는 무조건적인 명령, 즉 '정언명령'이다.

강의할 때 칸트는 학생들에게 "여러분은 내게서 철학이 아니라, '철학하는' 것을 배우게 될 것이다. 즉 흉내를 내기 위해 사상을 배우는 것이 아니라, 사유하는 것을 배우게 될 것이다"라고 강조했다고 한다. 그리고 72세의 고령에 이르기까지 강의를 계속하다가 80세에 "이것으로써 좋다"라는 말을 끝으로 임종했다. 칸트가 세상을 떠나자 각계 각지의 수많은 사람들이 그가 평생 떠나본 적 없는 고향 쾨니히스베르크로 찾아와 이 위대한 철학자의 임종길을 추모했으며, 오늘날까지도 칸트는 전 세계 사람들의 마음속에 존경받는 학자로 살아있다.

칸트는 46세의 늦은 나이에 교수가 된 이후에도 평생 검소하고 근면한 태도로 학문에 열의를 다했으며, 인간을 그 자체의 목적으로서 존중하고, 인간의 의무로서 당연하게 도덕을 실천하라는 자신의 가르침을 실천했다.

13일

오늘의 키워드: 유용성

'공리주의'와 '공산주의'는 무엇이 다를까?

제러미 벤담

#최대_다수의_최대_행복 #공리주의 #유용성 #인간_중심 #파놉티콘

"최대 다수를 위한 최대의 행복!"

가족이나 친구와 야식을 배달시킬 때 치킨이냐 족발이냐, 피자냐 탕수육이냐, 칼국수냐 냉면이냐 등 수시로 직면하는 선택의 문제는 행복한 고민 같지만 막상 결정하려면 예민해진다. 이런 순간에 자주 동원되는 방법은 '다수결!'이다. 비단 야식을 고르는 문제가 아니라도 우리는 일상의 선택이나 어떤 결정의 순간에 '다수의 선택을 존중하는 방법'을 동원한다.

제러미 벤담(Jeremy Bentham, 1748~1832)은 사회적 존재인 인간의

사회적 결정 방법을 다수의 입장에 이익이 되는 '공리주의'로 제시한 학자다. 그는 영국의 법학자이자 변호사로서 옥스퍼드대학교에서 법을 공부했지만, 철학에 관심을 두고 철학적 주제에 몰두했다.■

당시의 법률에 불만이 많았던 벤담은 법이 삶과 동떨어져 있음을 비판하며 현실에 유용한 성문법을 만드는 운동을 벌였다. 정치적 시각도 급진적이어서 당시 영국의 보수주의적 정치와 법철학에 반대했으며 영국 법철학에도 큰 영향을 미쳤다. 그는 인간이 도덕을 위해 있는 것이 아니라 도덕이 인간을 위해 있는 것이므로 도덕의 목적은 인간의 행복에 있다고 주장했다. 그리고 인간의 본성은 심리적으로 고통을 피하고 쾌락을 추구하게 되어 있으므로 '쾌락이 유일한 선이고 고통이 유일한 악'이라며 '최대 다수의 최대 행복'을 추구하는 공리주의를 표방했다.■■

벤담이 활동하던 당시 영국은 산업혁명과 식민지 개척의 결과로 세계에서 가장 부강한 이른바 '해가 지지 않는 나라'였다. 자유시장경제주의하에서 개인 이익과 사회 이익의 조화가 요구되고 최대의 욕구를 만족시킬 수 있는 도덕원칙이 절실한 시점에 벤담은 최대 다수의 최대 행복을 주장했다. 이는 일부의 특권적 이익, 양적 우세가 아닌

■ 벤담이 최대 다수의 최대 행복을 논의하면서 사회윤리적 측면, 즉 법적 차원에 주목한 것은 그의 전공과 무관하지 않을 것이다.

■■ 벤담의 쾌락 추구는 에피쿠로스학파의 쾌락주의, 즉 '고통을 최대한 줄이는 방안으로서의 쾌락'이라는 측면에서는 입장이 같으나 에피쿠로스는 개인 내면의 윤리, 벤담은 사회윤리의 차원을 다룬다는 측면에서 차이가 있다.

'공적 효용성(public utility)', 즉 '공리주의(Utilitarianism)'라는 말 그대로 '유용성'에 관한 것이다. 예를 들어 의과대학 정원 확대 등에 반대해 의사국가고시를 거부하고 시위를 벌인 사건을 생각해보자. 학생이 시험을 치르지 않은 것은 잘못이지만, 공리주의적 입장에서는 시험을 유기한 의대생의 수가 압도적으로 많아 이후에 배출될 의사 수가 부족해져 수많은 환자들이 고통받는 결과로 이어진다면 그들에게 재시험을 허용하는 방안이 마련될 수도 있다. 즉 공적 효용의 더 많은 유익을 우선시하기 때문에 '옳은 것'에 기초하기보다는 '결과적 이익'에 기초한다는 점에서, 결과에 관계 없이 무조건적으로 선을 선택하라는 칸트의 정언명령과는 반대되는 주장이다.

여기서 잠깐, 여러분은 벤담의 공리주의에서 '공'의 한자가 무엇이라고 생각하는가? 이를 짚고 넘어가는 것은 벤담의 취지를 제대로 이해하는 데 중요하다. 벤담의 공리주의(功利主義)의 공(功)은 공산주의(共産主義)의 공(共)과 다르다! 공산주의의 공은 모두가 '같게 하자는' 것이고, 공리주의의 공은 이익에 기여하고 이익에 공들이는 것으로 '행복의 효용성'을 말한다. 이 구분은 우리 사회의 행복과 만족을 진단하는 데 의미심장하다. 공리주의는 우리 사회 전체의 행복 총량이 높아지는 선택을 하자는 것이다. 다 같이 잘 사는 결정을 하자는 것이지, 인구밀도 높은 지역의 행복을 우선으로 하자는 것이 아니다.

벤담의 이론을 오해하면 그가 쾌락의 양적 측면에 치중해 질적 차이를 과소평가했다고 생각하기 쉽다. 이에 따라 최대 다수의 최대 행복의 의미도 재고된다. 예를 들어 주택보유자의 종부세 납부기준을 주택 가격 얼마부터로 하느냐는 문제로 한동안 정치인들의 공방이 치열했는데, 결국 정부는 우리나라 전체 주택값의 평균을 반영해 종전과 같이 6억 원을 기준으로 하기로 정했다. 서울 주택값과 지방 주택값이 똑같은 기준으로 '공평'하게 나누기된 방식이다. 만약 벤담이 말한 '공리'의 방식이라면 서울 주택보유자의 평균소득과 서울 주택 가격의 평균을 반영하고, 지방 주택보유자의 평균소득과 지방 주택 가격의 평균을 고려해 국민 전체의 행복 총량을 높이는 쪽으로 가는 것이 최대 다수의 최대 만족이 된다. 다시 말해 벤담은 쾌락의 내용을 구분하지 않은 채 양적인 결과에만 집중하지 않았다. 오늘날 여기저기에서 그의 이론은 '공'의 원뜻에서 오도되는 경향이 있는데, 법학도 출신인 벤담이 철학자로서의 삶을 선택한 맥락을 보면 현실의 행복이 기득권에 고여 있는 상황에 대한 고민을 엿볼 수 있다.

한편 벤담은 '파놉티콘(Panopticon)'을 고안한 것으로도 유명하다. 이는 '소수의 관찰자가 자신을 드러내지 않고 모든 피관찰자를 감시할 수 있는 기능을 지닌 건축물'로 벤담이 감옥을 위해 구상한 건축 양식이다. 파놉티콘의 pan은 그리스어로 '모두'이고, opticon은 '본다'는 뜻이다. 파놉티콘은 말 그대로 '모든 것을 한눈에 파악한다'는 의미다. 설계도를 보면 감시자가 있는 곳은 중앙부 원형 공간의 탑으로 그 위치에서는 모든 수형자 또는 피감시자의 행동을 한눈에 파악할 수 있다. 반면 수형자는 감시자가 자기를 보는지 안 보는지 알 수 없

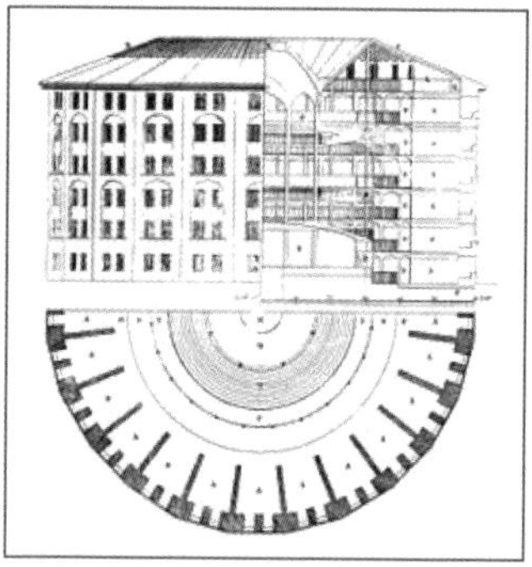

벤담의 파놉티콘 청사진

기 때문에 감시자가 없어도 항시 감시를 받는다고 착각할 수 있는 구조다.

파놉티콘은 벤담이 러시아에 있는 동생의 조선소 공장에 들렀을 때 착안한 것으로 알려져 있다. 벤담은 소수의 숙련 노동자가 조선소 내 독특한 작업 공간 덕분에 비숙련 노동자들을 쉽게 지도하고 관리하는 것에 착안해 설계도를 만들었다. 그는 효율적 감시라는 목적 외에도 당시의 열악한 감옥의 구석구석을 제대로 들여다보고 위생적으로 관리한다는 공익적 목적으로 본인의 재산까지 투자해 건축에 열의를 보였으나, 영국 의회의 예산 미루기 등의 문제로 그의 생전에는 실제로 구현되지 못했다. 그러나 벤담이 주장한 효용성과 공익성의 실현인 파놉티콘 건축양식은 오늘날 공장이나 감옥뿐 아니라, 병원이나 회사 등 통제와 관리를 요하는 기관에 실제로 적용되고 있다.

그렇다면 벤담이 개인적 파산선고를 감내하면서까지 실현하려고 한 파놉티콘은 자신이 평생 펼친 주장과도 어긋나는 소수자의 효율만을 위한 것이었을까? 지금도 감옥이라면 기대할 것이 별로 없을 텐데 그 옛날 죄수들의 환경과 치안은 얼마나 열악했을까? 벤담은 말 그대로 모두를 효율적으로 안전하게 지키는 방법을 고민했던 것 같다.

벤담의 후계자 존 스튜어트 밀(John Stuart Mill, 1806~1873)은 삶의

궁극적 목적을 행복으로 보고 결과적으로 모든 사람의 행복을 증진시키는 행위가 옳다는 벤담의 주장을 지지했지만, 여기서 더 나아가 쾌락의 결과적 총량뿐 아니라 질적 차이도 고려해야 한다고 보았다. 말초적 쾌락보다는 내적 교양이 뒷받침된 정신적 쾌락을 더 수준 높은 쾌락이라고 생각한 그는 "배부른 돼지가 되기보다는 배고픈 인간이 되는 편이 낫고, 만족한 바보가 되기보다는 불만족한 소크라테스가 되는 편이 낫다"라는 유명한 말을 남겼다. 이러한 밀의 견해를 '질적 쾌락 공리주의'라고 부른다.

그런데 양적, 질적 측면 외에도 우리 삶에는 참 많은 가치들이 얽혀 있다. 모두의 삶을 더 이롭게 할 수 있는 방법이 무엇인가 하는 벤담과 밀의 고민은 다음 장의 헤겔에게도 이어진다.

14일

오늘의 키워드: 자유

절대적 자유는 어떻게 실현할 수 있을까?

게오르그 헤겔

#법철학 #변증법 #자유의지 #개인 #객관정신 #절대정신 #주인과_노예의_변증법

"세계의 역사는 자유의식의 진보로 발전한다!"

헤겔(Georg Wilhelm Friedrich Hegel, 1770~1831)은 내게 늘 불길한 기운을 뿜으며 왠지 가까이 하기에는 꺼려지는 느낌을 안겼다. 그런 인물을 결국 '헤겔 법철학 강해'라는 과목에서 정면으로 마주하고야 말았다. 그냥 마주한 것도 아니고 생전 처음 본 그의 책 서문을 발제까지 하게 되었다. 서문을 펼쳐본 첫 소감은 정말 지상 최고의 '오타쿠(한 분야에 열정적으로 심취하는 사람)'를 본 것만 같았다.

그리스의 철학자 플라톤의 《국가》와 비견된다는 헤겔의 《법철학》

은 서문부터 충격적이었다. 서문 하면 보통 한두 페이지나 길어야 서너 페이지 정도라고 생각했던 내 고정관념은 웬만한 책 한 권 정도 분량의 서문 앞에서 왕창 깨져버렸다. 게다가 그 내용은 '이게 왜 서문이야?' 하는 생각이 절로 들 만큼 너무 본론적이었다. "이성적인 것은 현실적이며 현실적인 것은 이성적이다"라는 주문 같은 문장을 필두로 거의 모든 내용이 인간의 이성을 극구 강조하다가 서문 마지막에 "미네르바의 올빼미는 어둑어둑한 황혼에야 비로소 날개를 편다"는 말로 마무리를 하는데, 한글로 번역된 문장이 암호처럼 보이는 것에 자괴감을 느끼며 한동안 헤겔이라는 단어만 보아도 자동적으로 울화가 치밀곤 했다.

칸트에 이어 근대 독일 관념론의 상징이라 여겨지는 헤겔은 18세기 후반에서 19세기 초 산업혁명, 프랑스혁명, 미국의 독립, 나폴레옹의 집권과 몰락 같은 세계사적 변혁기에 태어났다. 그는 이런 역사적 변혁을 직접 목도하며 살았다. 일례로 나폴레옹의 군대가 1806년 독일 튀빙겐주에서 가장 큰 교육기관인 예나대학교를 점거했을 때, 헤겔은 2층 발코니에서 이를 생생히 목격하고 혁명의 감회를 서술하기도 했다(독일인인 헤겔이 말 그대로 나폴레옹의 혁명을 지지했으니, 체제에 대한 개혁의식이 얼마나 강했는지 알 수 있다).

헤겔은 모든 사회가치가 흔들리는 이 대격변의 시기에 학문 전반에서 기존 고정 가치를 벗어난 비판적 성향의 주장들을 이론으로 구축해나갔다. 당시 진보적으로 여겨지던 그의 주장은 학생들의 큰 호응을 얻어 헤겔의 강의에는 수강생이 넘쳐났다고 한다.*

헤겔 연보에서 눈에 띄는 부분은 결혼과 임종이다. 그는 41세 나이에 20세의 여인과 결혼을 했으며(나이 차이가 큰 결혼이야 당시나 지금이나 왕왕 있는 일이라 치더라도) 임종 시에도 파격적인 유언을 남겼다. 가족과 함께 한평생 잘 살다가 죽을 때는 "피히테(Johann Gottlieb Fichte, 1762~1814) 무덤 옆에 묻어달라"고 유언을 남겼다는 것이다. 헤겔은 결국 유언대로 피히테 옆에 묻혔다는데, 왜 갑자기 가족이 아닌 생판 남 옆에 같이 묻어달라고 했을까? 이에 대한 의문으로 그에게 더 큰 호기심을 가질 수밖에 없었는데, 문제는 나만 이 부분이 궁금했는지 제대로 알고 있는 사람이 없었다는 점이다. 그래서 헤겔 연보를 더 자세히 읽어보니 피히테와 연관되는 부분은 딱 두 줄이었다. '1795년 피히테, 셸링, 실러 등을 읽음', '1801년 7월 피히테와 셸링의 철학체계의 차이를 쓰다.'** 청년 헤겔의 마음에 피히테가 영향을 주었을 것으로 짐작이 되는 단서이긴 해도 겨우 두 줄이다.

헤겔의 사상적 배경에 영향을 주었을 피히테를 살펴보자. 피히테는 헤겔보다 8년 먼저 태어난 인물로 칸트의 관념론을 헤겔로 이어주며, 사상적 유대는 물론 헤겔이 강의하던 같은 대학의 교수로 직업적 이력까지 함께한 학자다. 헤겔보다 17년 먼저 세상을 떠났으니 이

* 헤겔과 같은 시간대에 강좌를 열었던 쇼펜하우어의 수업이 수강생이 한 명도 없는 수모를 겪었다는 일화는 유명하다.

** 강성화, 《헤겔 법철학》, 서울대학교 철학사상연구소, 2003, p. 7 참조.

전 세대인 칸트보다 피히테의 삶이 헤겔에게 훨씬 더 실제적인 영향을 미쳤을 것이다. 피히테는 칸트의 《실천이성비판》을 읽고 '사람은 선천적으로 도덕적'이라는 칸트의 신념을 지지해 폴란드에서 독일까지 칸트를 만나러 달려갔다고 한다. 칸트 역시 그런 피히테의 방문을 기뻐했으며 논문 출판을 도와주었다고 하니 그들의 초기 관계는 매우 훈훈했을 것이다.■ 칸트와의 교류로 피히테는 학문의 지평을 넓히게 됐으나 나중에는 학문적 이견으로 칸트와 사이가 멀어지게 되었다는데, 바로 이 둘의 '이견'이 헤겔과 피히테가 연대하는 데 토대가 된 듯하다.■■

헤겔의 사상을 보면 헤겔이 피히테를 지지하고 그에게 직접적으로 영향을 받았음이 짐작된다. 피히테에 따르면 무언가를 '아는 자아'와 '실천하는 자아'는 하나로서, 여기에서 자아는 개인의 자아만이 아닌 '전 인류의 자아'이기에 이렇게 이론과 실천을 다 통일한 자아는 어디에도 제약받을 필요가 없는 '자유로운 자아'로 이상적인 세계의 틀이자 가능성 자체가 된다. 피히테의 실천적 자아는 바로 헤겔이 주장하는 개인과 닮아 있다.

헤겔이 전제하는 세계는 시시각각 변화하는 움직이는 것이고, 개인은 이 변화하는 세상에서 능동적으로 이성을 실천하는 개체다. 변

■ 심옥숙, 《헤겔 역사철학 강의》, 주니어김영사, 2019, p. 213 참조.

■■ 칸트는 '이성으로 설명할 수 없는 영역'을 '물자체'로 분리했으나, 피히테는 이성의 영역을 더 강조해 이성의 능력으로 인간의 절대적인 영역에 도달할 수 있음을 주장했다.

화에 능동적으로 기능할 수 있는 이성적 주체이기에 당시처럼 혼란한 현실에서 '개인'은 타인들과의 관계를 통해 자기모순을 극복하고→ 그로써 주관의 아집을 벗어난 '객관적 정신'을 수립하고→ 이 객관적 의지를 실천함으로써 '절대정신을 구현'할 수 있다고 주장한 것이다. 헤겔은 이를 통해 역사는 발전해 더 나은 역사로 나아간다고 했다.

헤겔의 이상은 바로 이 '능동적인 자유로운 개인'에서 출발한다. 헤겔은 자신의 저서 《정신현상학》(1807)에서 '주인과 노예의 변증법'으로도 주체적 의식을 가진 개인을 설명했는데, 여기서 주인은 자유롭게 기능하는 주체의 주인이다. 주인은 스스로 자유로운 판단으로 주체로서 삶을 지켜내고 재산을 증식하며 발전하지만, 노예는 스스로 판단하지 못하고 타인의 명령에 복종하기만 한다. 따라서 노예는 스스로 목숨을 지킬 수도 없고 그의 삶에 발전이란 있을 수 없다.

헤겔은 그의 시대, 또 그 이후의 시대가 자유로운 주체의식을 가져야 한다는 뜻으로 절대정신의 가능성을 바라보았다. 진정한 자유는 능동적으로 자신의 의지를 실현하는 것이다. 헤겔의 자유는 놀고먹는 개인의 방만한 자유가 아니라 개인이 투쟁을 통해 이루어낸 권리로서, 이런 개개인의 자유들이 이상적으로 실현될 수 있는 공동체로 나아가는 힘이 된다. 그 자유의 방법을 하나하나 소상하게 밝힌 것이 바로 헤겔의 《정신현상학》과 《법철학》 안에 빼곡히 담긴 내용이다.

앞에서 살펴본 플라톤 철학의 내용을 기억하는가? 플라톤이 궁극적으로 이 세계와 인간을 '선의 이데아'를 지향하는 관점으로 (이성의)

절제의 덕을 설명했듯이, 헤겔 역시 인간을 스스로의 이성으로 진리를 향해 나아가는 존재로 보았다. 헤겔은 그런 진리의 힘을 가진 개인들이 이성으로 실현해낸 자유로운 사회를 먼저 꿈꾸었던 피히테의 이상을 누구보다 잘 알았기에 죽어서라도 그의 곁에 묻혀서 함께 세상의 개인들을 응원하고자 했던 것은 아니었을까.

15일

오늘의 키워드: 계급

사람 위에 사람이 있을까, 없을까?

카를 마르크스

#기생충 #자본주의 #빈익빈부익부 #잉여가치 #인간소외 #순수자본주의 #혼합경제 #사회주의이론

"사회계층의 양극화는 체제 붕괴의 필요 조건이다."

봉준호 감독의 영화 〈기생충〉은 2019년 제72회 칸국제영화제를 시작으로 제13회 캄보디아 한국영화제까지 53개 영화제에 공식 초청됐고, 2020년 1월 5일 제77회 골든글로브 시상식에서 한국 영화 최초로 외국어영화상을 수상했다.

봉준호 감독은 골든글로브 시상식에서 "미국이 자본주의의 심장 같은 나라니까 논쟁적이고 뜨거운 반응이 있을 수밖에 없다고 생각했다"라고 밝혔는데, 같은 날 북한의 대외 선전 매체 〈조선의 오늘〉

은 한국 사회의 양극화를 신랄하게 풍자한 영화 〈기생충〉을 소개하며 자본주의사회의 어두운 현실을 볼 수 있다고 지적했다. 〈조선의 오늘〉은 영화 〈기생충〉을 실명으로 거론하며 자본주의체제야말로 부익부빈익빈의 악성 종양을 안고 있는 썩고 병든 것이며 앞날에 대한 희망도 미래도 없다는 것을 똑똑히 깨닫게 하는 영화라고 소개했다. 그러면서 북한은 누구나 평등하고 고른 삶을 누리고 있어 세상 사람들의 부러움과 동경의 대상이라고 주장했다.

영화 〈기생충〉은 가족 전원이 백수인 '기택'네 가족이 상류층 '박 사장' 집 안에 들어서면서 벌어지는 사건들을 통해 사회적 층위를 상징적으로 보여주는 자본주의사회를 풍자한 영화다. 박 사장이 자주 사용하는 "선을 넘는다"는 표현은 영화의 핵심을 드러내는 대사로 볼 수 있다. 사람을 고용하는 부를 영위한 집단과 그 고용하에서 생존을 이어가는 빈곤한 집단의 대조를 통해 현 자본주의사회의 병폐를 꼬집는다. 결국 두 집단 모두에게 상처를 남기는 씁쓸한 결말은 자본주의에 잠식된 물질만능 중심의 사회가 인간을 생산수단으로 전락시켜 인간소외를 야기할 것이라고 예견한 카를 마르크스(Karl Heinrich Marx, 1818~1883)의 주장과 별반 다르지 않다.

마르크스는 자본주의사회의 인간 계급화, 수단화, 인간소외의 병폐를 예견하고 자본주의 비판에 생애를 바친 독일 태생의 경제학자이자 철학자다. 마르크스는 당시의 사회를 올바르게 이해하기 위해서는 그 토대가 되는 자본주의 '시장경제'를 철저히 연구해야 한다고 믿었다. 그의 주장에 따르면 물질적 생산활동은 사회생활 전반의 가치를 물질적인 것으로 환원하게 하면서 사회제도뿐만 아니라, 사회적 의식에도 결정적 영향을 미친다. 생산력과 생산 관계의 양식이 우리 삶의 물질적 토대를 구성하고 그 위에 사회조직이나 교육, 종교나 철학 같은 사회적 의식이 들어선다. 따라서 한 사회를 올바르게 인식하기 위해서는 이러한 물질적 생산활동, 즉 경제적 토대를 제대로 분석해야 한다는 것이다. 자본이 의식에도 영향을 준다는 것을 영화 〈기생충〉에서는 기택의 가족이 부자들을 '세상 좋은, 바른 인품의 사람들'로 칭송하는 모습과 또 지하세계에 숨어 살던 가사도우미의 남편이 매일 이마에 피가 나도록 박 사장에게 모스부호로 충성을 표현하던 장면으로 보여준다.

또한 마르크스가 자본주의의 근본적 특징으로 비판한 부분이 바로 자본주의가 매우 파괴적이고 낭비적일 뿐 아니라, 엄청나게 생산적인 착취체제라는 점이다. 자본의 성립은 천연자원 장악, 토지 강탈, 농민의 노동력 강제 착취 등 '강탈에 의한 축적'을 기본으로 한다. 그렇게 빼앗은 땅과 거주민들을 지배하는 계급은 그곳에 대규모 공장을 짓고, 그 속에서 노동자들이 죽도록 고생하며 생산한 생산품에 대해 최소한의 대가만 주고 폭리를 취했으며, 그런 형태로 자리 잡은 자본주의는 계속 세습된 계급을 이어왔다고 보았다.

마르크스가 활동한 시대는 유럽 전역에서 산업혁명으로 사회 형태가 산업 중심으로 바뀌면서 경작지에서 내몰린 이들로 산업노동자 계급이 형성되던 때였다. 자본가들은 이윤 추구를 위해 무자비하게 노동자들을 착취했고 노동자들은 장시간 노동과 저임금에 시달렸으나, 법률과 제도는 가진 자들 중심이어서 노동자들의 형편은 나아지지 않았다. 이러한 초기 자본주의 시대를 비판하는 시각으로 마르크스는 경제구조를 바라보았다. 그는 인간소외의 원인을 자본주의의 생산양식에 있다고 생각했다. 자본주의 생산양식에서 노동자는 스스로 생명과 운명을 결정할 능력을 상실하며, 자기 행동의 결정자로서 스스로 삶을 사유-납득할 능력을 박탈당한다(앞에서 소개한 헤겔의 주인과 노예의 변증법과 상통하는 부분이다).

자본주의사회에서 인간이 다른 인간과의 관계를 정의하기 위해서는 자신의 노동을 통해 생산해낸 상품과 용역의 가치에 의존해야 한다. 노동자가 자율적이고 자주적인 인간이라 하더라도 노동자는 그들을 고용한 부르주아가 명령하는 경제적 목표에 의식을 맞추게 된다. 부르주아는 자기들끼리 경쟁해서 살아남기 위해 최대한 잉여가치를 창출해야 하기 때문에 노동자를 더 지속적으로 착취하고 자유로운 의식에서 소외시킬 수밖에 없다. 즉 자본주의사회에서 자본가는 지속적 생산수단(자본, 회사, 터전 등)을 소유한 계급이므로, 노동자들은 영화 〈기생충〉에서처럼 선을 넘지 않고 지시에 따르기만 해야 하며 충성하는 존재여야 한다.

마르크스 경제이론의 핵심은 《자본론》에 담긴 잉여가치론과 공황이론이다. 자본가가 노동자를 고용해 일을 시키면 노동자는 자기 노동력의 가치, 즉 생존하고 삶을 영위하는 데 필요한 생활비 이상의 노동을 하게 되고 이 잉여가치는 자본가의 것이 된다. 자본가들은 이윤을 늘리기 위해 이 잉여가치를 축적하고자 더 좋은 성능의 기계를 도입하고 다른 자본가보다 많은 이윤을 얻고자 경쟁한다. 이러한 경쟁의 결과 생산력이 급격히 올라가 생활수준은 이전 시대에 비해 향상되지만, 계속되는 경쟁적 투자는 지속적 이윤 증가로 이어지지 못한다. 결국 자본가는 다른 산업으로 전향하고 내몰린 기술노동자들은 서로 임금 경쟁으로 결국 공황사태에 직면하리라는 것이다. 마르크스는 경제학자이면서 동시에 역사철학자로서 계급 간 갈등과 투쟁에 의해 역사가 발전해나간다고 주장했다. 그는 자본주의가 발전하면서 증가한 노동자들이 주기적 공황과 실업으로 삶이 파괴되면 노동자 혁명을 통해 자본주의가 변혁될 것이라고 전망했다.▪

그러나 마르크스 이론은 이후 많은 비판을 받는다. 우선 직관적으로 그가 주장한 노동자 혁명으로 인한 자본주의의 붕괴가 일어나지 않았다. 자본이 계급을 조장하기 때문에 모두 공평한 사회주의의 형태로 발전할 것이라는 마르크스의 이상을 현실에 그대로 적용하기에는, 소련 공산주의의 몰락은 그가 자본과 권력에 대한 인간의 욕망을 너무 가볍게 다뤘음을 보여준다. 영화 〈기생충〉의 마지막 장면은 언뜻 자본주의의 붕괴로 보인다. 지상의 박 사장 그리고 기택의 가족,

▪ 마르크스는 헤겔의 움직이는 변증법을 통해 역사가 진보한다는 이론을 수용했으나, 동시에 헤겔의 이론이 실천성 없는 이론만의 주장임을 늘 비판했다.

지하세계의 부부. 시계 톱니바퀴가 해체되듯이 이 세 가족은 모두 몰락하는 듯 보이지만, 이 몰락을 살펴보면 가장을 잃은 박 사장네는 이사를 가고(자본의 이동) 지하세계의 부부와 기택의 가족은 모두 영구 손상(노동력의 상실)을 입는다. 마르크스가 예견한 혁명은 영화 속에서 발발하는 듯했으나 실현되지는 않았다. 어려움을 겪은 두 계급 중에서 자본을 점유한 계급은 계속 지배자로 남고, 피지배 계급의 삶은 더 어둡고 암울해졌을 뿐이다.

하지만 한치 앞을 예견할 수 없는 코로나 사태 속에서 갈수록 더 급속도로 확산되는 폐업, 임대문의 상가들, 실업률 등의 현실을 보고 있노라면, 영화 〈기생충〉의 씁쓸한 결말과 마르크스의 경고가 우리와 거리가 먼 이야기는 아닌 것 같다는 생각과 함께 영화 속 세 가족이 다 행복할 수 있는 결말의 방법을 고민해보게 된다.

16일

오늘의 키워드: 희망

신은 왜 죽어야 했을까?

프리드리히 니체

#신은_죽었다 #위버멘쉬 #영원회귀 #실존주의

"신은 죽었다!"

1889년 1월 3일 아침 이탈리아 북부 도시 토리노에 머물던 신사는 산책을 하러 하숙집을 나섰다가 카를로 알베르토 광장 건너편에서 말이 마부에게 채찍질을 당하는 모습을 보게 된다. 갈비뼈가 툭 튀어나올 정도로 마른 말은 고통스러운 채찍질 속에 힘겹게 안간힘을 쓰며 몸부림치고 있었지만 마차의 바퀴는 진흙에서 쉽게 빠져나오지 않았다. 지쳐가는 말과 반대로 마부의 채찍질은 더 집요하고 드세진다. 그 모습을 본 신사는 비명을 지르며 광장을 가로질러 채찍질을 당하는 말에게 달려간다. "그만하라"는 외침과 함께 말의 목을 부둥켜안은 채 울부짖던 신사는 이내 정신을 잃고 바닥에 쓰러진다.

안간힘을 쓰며 매를 맞는 말의 애처로움에 자신을 내던진 신사는 바로 독일의 철학자 니체(Friedrich Wilhelm Nietzsche, 1844~1900)다. 그날 저녁 니체는 의식을 되찾긴 했지만, 그후로 부쩍 더 극심한 정신착란 증세를 보여 결국 바젤대학교 동료 교수인 오버베크에 의해 바젤대학교 병원에 입원하게 된다(1월 10일). 이후 예나대학교 병원으로 이송(1월 17일)되어 내내 정신병원을 오가다 삶을 마감한다. 학대당하는 말을 부둥켜안고 울부짖던 철학자 프리드리히 니체의 모습은 러시아의 대문호 도스토옙스키의 소설 《죄와 벌》*의 주인공 라스콜리니코프와 똑같이 닮아 있다. 소설의 주인공 라스콜리니코프는 깜박 낮잠에 들어 술 취한 농부들이 말에게 채찍질을 해대는 악몽을 꾼다. 악몽 속에서 라스콜리니코프는 무자비한 채찍질로 죽어버린 말의 목을 끌어안고 입을 맞춘다.**

소설의 주인공에 그대로 빙의한 듯한 니체의 이 사건을 두고 많은 사람이 니체가 《죄와 벌》을 읽었을 개연성을 언급한다. 그런데 니체가 《죄와 벌》을 읽었든 읽지 않았든, 그날 눈앞에서 채찍질을 당하던 대상이 말이든 소든, 니체라면 눈앞의 어떤 고통이든 온몸으로 감싸 안았을 것이라는 생각이 든다. 언제나 순간순간 삶에 순수한 열정으

* 1866년 〈러시아 통보〉에 기고된 도스토옙스키의 5대 장편 중 첫 번째 소설이다.

** 뤼디거 자프란스키 저, 오윤희, 육혜원 역, 《니체: 그의 사상의 전기》, 꿈결, 2000, 내용 참조.

로 참여했던 니체라면 말이다.

대중에게 가장 많이 알려진 니체는 "신은 죽었다!"처럼 신에게 사망을 선고하거나 '망치를 든 철학자'식의 염라대왕 같은 문장일 것이다. 현재의 삶을 있는 그대로 예찬하고 무한한 연민으로 세상의 모든 존재를 바라보았던 니체가 어째서 이렇게 무시무시한 문장으로 기억되는 것일까? 먼저 그의 저서 《차라투스트라는 이렇게 말했다》(1885) 안에서 그 이유를 짐작해보자.

《차라투스트라는 이렇게 말했다》는 니체의 철학을 그대로 담은 대표 저서다. 니체는 여기서 초인, 즉 위버멘쉬(Übermensch)를 강조하는데, 이 초인은 어벤저스 같은 히어로가 아니라 말 그대로 자신과 현재의 고통을 당당히 초월한 강한 의지의 존재다. 작품 주인공 '차라투스트라'는 고대 페르시아의 종교 '조로아스터교'의 창시자 스피타마 자라투스트라를 독일식으로 발음한 것이다. 니체의 작품 속 차라투스트라는 고향을 떠나 10년간 명상을 하며 깨달은 사상을 전하기 위해 산에서 내려와 처음 만난 사람(성자)에게 "신은 죽었다"고 말한다. 인간은 더 이상 신에게 의지하지 않고도 스스로 창조적인 의지를 가지고 삶을 살아갈 수 있다는 뜻이다.

이런 맥락에서 니체는 현실 체제에 굴복하고 타협하는 일반 모두의 삶을 늘 연민으로 바라보았던 것 같다. 그런 삶에 대해 니체는 있는 그대로에 안주하지 않고 자신의 현재에 당당히 맞서는 '위버멘쉬'로 격려하는 것이다. 니체는 이런 직면과 감당을 위해서는 주인의 명령에 따라 무거운 짐을 싣고 다니지만 묵묵히 그 짐을 견뎌내는 '낙타의 단계'. 기존 관습과 가치를 부정하고 강제된 것을 떨쳐낼 수 있는 힘을 가진 '사자의 단계'. 그리고 선입견 없이 즐겁고 유쾌하게 있는 그대로 삶을 받아들이는 '어린아이의 단계'로 삶을 긍정으로 확장해나가야 한다고 말한다. 니체가 차라투스트라를 작품 주인공으로 내세운 것은 '신'과 같은 기존 체제에 순응하는 사고방식에 경종을 울리기 위함이었다. 니체의 별명이 망치를 든 철학자인 것도 기존 통념을 부숴버리고 삶의 개척을 추구했기 때문일 것이다.

차라투스트라뿐만 아니라 니체의 저서들에 자리한 기독교에 대한 신랄한 관점은 니체를 골수적 반기독교인으로 기억하게 하지만, 니체는 신의 존재를 비판하고 매도하려고 했다기보다는 오히려 주어진 자리에서 하루하루 살아가는 고단한 존재들에게 무한한 애정을 표현했을 뿐이다. 니체의 위버멘쉬는 생명들을 향한 니체의 무한한 연민이 담긴 기도인 것이다.

이러한 니체를 허무주의자로 생각하는 사람들도 있는데 이 또한 초점이 어긋나 있다. 니체가 쇼펜하우어에게 영감을 받았다는 이유로 종종 니체의 사상을 니힐리즘으로 이해하기도 한다. 니체가 쇼펜하우어에게 영향을 받은 것은 사실이지만 니체만큼 삶을 치열하게 긍정한 사람이 또 있을까? 쇼펜하우어는 《의지와 표상으로서의 세계》(1819)에서 인간의 이성이라는 것이 결국 맹목적 욕망으로 삶을 이끄는 의지인데, 인간의 욕망은 만족을 모르기 때문에 결국 고통스러워지므로 '비극만이 생을 진지하게 통찰할 수 있고 그 통찰의 끝은 우리를 체념시킨다'는 표현으로 비극적 염세주의를 온 사방에 뿜어낸다. 하지만 니체는 그 염세적인 시각에 동의하지 않고 비극을 생의 에너지로, 인간 의지의 근본으로 해석한다. 그리고 자신의 삶으로 이를 증명한다. 니체는 오히려 모든 생명은 자기를 고양하고자 하는 의지가 있기에 설령 비극이 있을지라도 그 비극을 통해 새로운 가능성을 발견하고 강한 의지를 갖게 된다고 주장한다.

주변에서 '절대긍정주의자'들을 만날 때가 있다. 심지어 그들은 '악의가 전혀 없는 순도 100퍼센트의 해맑은' 긍정을 표방한다. 그런데 자세히 들여다보면 사태를 서둘러 좋은 것으로만 포장하려고 하는 경우가 많다. 불행을 야기할 만한 모든 요소를 다 회피하고 좋은 낱말만 찾아 급하게 포장해서 사태를 봉합시켜버리기 때문에 그들의 긍정은 듣고 나면 어떤 대안도 위로도 되지 않는다.

니체의 긍정은 그런 긍정과는 다르다. 니체에게 세상은 힘의 의지들이 끊임없이 부딪치는 변화의 세계고, 이 변화의 장에서 '지금 여기'는 언제나 새로운 장소다. 이 새로움에 '직면'함을 긍정하는 것이 바로 니체의 긍정이다. 니체의 긍정은 삶의 모든 순간에 적극적으로 의미를 부여하고 삶의 모든 순간을 사랑하기를 열정적으로 세상에 외친 초인의 삶의 태도다. 그런 니체이기에 35세에 건강과 시력을 잃고 바젤대학교 교수직도 잃고 대낮에도 등불을 켜고 더듬거리고 다니면서도 저서들을 집필할 수 있었을 것이다.

알베르토 광장 사건 이후 극심한 정신착란으로 생의 마지막 10년을 정신병원에서 보내야 했지만 정신이 돌아올 때마다 뜨거운 삶의 의지로 책을 썼던 니체가 임종 때 여동생에게 남긴 말은 "우리는 그래도 참 행복하게 살았지?"라는 긍정의 인사였다고 한다. 혼신으로 말을 감싸며 울부짖는 심정으로 삶의 모든 순간을 사랑했던 니체를 허무주의로 기억하기에는 현대 철학에 가장 큰 영향을 미치고 실존을 말 그대로 실천한 니체가 우리 삶에 주고 간 문장 "어떤 고난도 우리를 죽이지만 않는다면 우리를 더 강하게 만든다"는 눈부시도록 희망적이다.

17일

오늘의 키워드: 절망

불안은 왜 있는 것일까?

쇠렌 키르케고르

#실존주의 #죽음에_이르는_병 #불안 #절망 #관계

"절망은 죽음에 이르는 병이다!"

모두가 불안한 팬데믹 사태 속에서 중요한 시험을 치러내야 하는 고등학교 3학년 학생들과 학부모들은 특히 마음고생이 심했을 것이다. 시스템이 제대로 구축되지 않은 온라인 학습에 상반기를 허비하고 학원도 마음대로 갈 수 없는 상황이었으니 얼마나 불안하고 속상했을까?

수능 당일 오후 수험장으로 지정된 학교 앞을 지날 일이 있었는데 시험을 마친 아이들을 데리러 온 학부모들의 차량으로 길이 주차장이 되었고, 졸지에 좌회전로가 막혀서 길 한복판에 갇혀버렸다. 매서운 '수능추위'에도 부모들은 차를 세워둔 채 밖에서 떨고 있었다. 휑한 운동장을 사이에 두고 교문 밖에서 굳은 몸으로 종종걸음을 치며 한없이 수험장 건물을 바라보던 부모들. 아마 따뜻한 차 속에서 기다리지 못하고 계속 그렇게 밖에서 떨고 있었을 것이다. 왜? 내 아이가 저기서 사투를 벌이고 있으니까. 떨지 말라고, 실수 없이 끝까지 최선을 다하라고 기도하는 마음으로 밖에서 아이 대신 불안과 추위에 떨고 있었을 것이다.

쇠렌 키르케고르(Søren Aabye Kierkegaard, 1813~1855)는 19세기 덴마크의 철학자이자 신학자, 시인, 사회비평가다. 그중에서도 가장 주목할 만한 수식어는 '실존주의 철학의 선구자'다. 사실 실존주의는 키르케고르 후대에 프랑스 철학자 사르트르가 명명했는데, 그 실존주의의 계보를 위로 타고 올라간 자리에 키르케고르가 있다.

'실존은 본질에 앞선다!'를 표명하는 실존주의는 인간의 본질이 이성에 있다고 강조하던 근대 철학의 핵심을 '지금 여기, 이 순간의 나의 의지'로 전환한다. 기존에 데카르트가 주장한 '생각하므로 존재하는 나'는 실존철학에서 '내가 존재하므로 사고한다'로 역전된다.

키르케고르는 실존주의의 시조격인 쇼펜하우어에게 영향을 받았다. 이 두 철학자는 서로 만난 적은 없으나, 헤겔의 관념론을 비판했던 입장과 인간을 실존적 존재자로 바라보는 맥락에서 학문적 경향이 일치한다. 쇼펜하우어가 헤겔과 달리한 학문적 비판점이 바로 후에 키르케고르에 의해 구축된 '현실의 인간'을 말하는 실존주의의 맥락이다.

키르케고르가 말하는 현실의 인간은 '이성'으로 모든 것을 뛰어넘고 절제하는 인간이 아닌 '불안 덩어리'다. 심지어 자신의 저서《죽음에 이르는 병》(1849)에서 그는 인간은 자신이 행복하다고 착각할 수는 있어도 사실 모두 절망 앞에 있는 존재라고 말한다. 우리가 전부 '죽음에 이르는 병'에 걸려 있다니! 그는 왜 인간의 삶을 이렇게 무서운 공포 버전으로 보는 것일까?

키르케고르가《죽음에 이르는 병》에서 말하고자 하는 것은 바로 우리 마음과 정신을 갉아먹는 불안, 절망에 대한 심각성과 그 해소 방법이다. 삶이란 매 순간 불안 속에서 연속되는 것이고 이 불안에 잠식되어 절망으로 죽어갈 것이라는 이 저주성 문장은 키르케고르를 비뚤어진 생각과 시선을 가진 염세주의자로 생각하게 만든다. 그러나 그의 궁극적인 주장은 "절망은 아주 일반적인 것이다. 인간이 절망하고 있음은 희한한 것이 아니다. 오히려 희한한 것은 인간이 절망하지 않음이다"■라는 그의 말처럼 불안에 직면해 깨달으라는 것이다. 말하자면 불안을 직시해야만 절망에서 빠져나올 수 있다는 반어법이다.■■

■ 쇠렌 키르케고르 저, 박환덕 역, 《죽음에 이르는 병》, 범우사, 1995, p. 40에서 인용.

■■ 니체의 주장과 의미는 겹치는데, 니체가 비극을 긍정의 기회로 주장하는 것과 키르케고르의 표현은 전혀 다르게 느껴진다.

키르케고르는 사람들이 절망을 얼마나 깨닫는지에 따라 절망의 정도를 구분한다. 가장 위험한 상태는 '자기 자신이 절망에 빠져 있음을 알지 못하는 절망'이다. 중독에 빠진 사람이 자신이 중독이라는 것을 모르듯 사태를 부정하고 다시 빠져드는 경우를 예로 들 수 있다.

두 번째는 절망을 포장하려는 경우다. "행복의 깊숙한 곳, 이곳이야말로 절망이 가장 편안하게 머무는 곳이다"라는 그의 표현처럼 현재의 절망을 직시하지 않고 외면하고 덮으려는 사람들이다. 이런 태도의 파장은 늘 사태를 주변으로 더 키운다. 우리가 당면한 현실의 처참한 소식들은 대부분 문제를 회피하면서 키운 염증들이다.

그나마 나은 절망은 '자신이 절망하고 있다는 사실을 깨닫는 절망'이다. 이 단계에 이른 사람들은 삶의 허무함과 고통을 더 이상 바깥에서 찾지 않는다. 그런데 이들은 절망의 원인을 다른 것에서 찾지는 않지만 안타깝게도 무기력한 상태로, 의지를 잃어버리거나 아니면 다른 사람을 흉내 내는 삶을 선택한다. 유능하고 똑똑한 인물 혹은 선하고 따뜻한 행동을 흉내 내지만 이들의 내면은 진짜가 아니기에 늘 초조하다.

마지막으로, 절망을 피하거나 외면하지 않고 이에 직접 맞서는 사람들이 있다. 그들은 '다른 것'으로 시선을 돌리지 않으며 자기 자신의 절망을 직시하고 끝까지 고민한다. 그럼에도 이들 역시 절망에서 벗어나지 못한다. 이들의 노력과 고민은 결국 한계에 다다르고 좌절해 자살에 이른다. 결국 인간은 혼자서는 결코 절망에서 벗어나지 못한다.

그렇다면 대체 어떻게 해야 절망에서 벗어날 수 있다는 것인가? 신학자인 키르케고르는 "절망의 반대말은 희망이 아니라 신앙이다"라고 말하며, 신에 대한 믿음을 통해 절망에서 벗어날 수 있다고 주장한다. 이렇게 '신'으로 귀결되는 해답에 무신론자라고 실망할 필요는 없다. 우리는 그가 전하려는 메시지를 이미 알아냈기 때문이다.

우리 삶을 꽉 채우고 있는 불안과 절망은 분명 힘든 것이지만, 그것은 우리가 현재를 열심히 살아갈 동력이고 자기의식을 실천할 계기가 된다. 불안 앞에 있을 때 우리는 깨어 있으며, 준비하고, 다시 또 불안 앞에 서지 않기 위해 스스로를 단련한다. 그리고 불안 앞에서 우리는 옆에 있는 사람들의 온기에 감사할 수 있다. 힘든 1년 속에서 고3을 보내고 수능의 불안을 당당히 마주했던 수험생은 이미 그 자체로 한 겹 단련이 되었을 것이다. 그리고 그 곁에서 함께 위안을 나누는 마음들이 있는 한 우리는 불안을 직면하는 삶의 주체로 살아갈 수 있다.

키르케고르의 '죽음'은 우리가 순간순간을 삶의 주인으로서 살아가야 할 이유이며, '불안'은 그런 우리를 깨어 있게 만드는 시선이다. 우리를 스스로에게 성실하게 만드는 것, 우리가 곁에 있는 존재의 온기에 감사하게 하는 것이 키르케고르가 말하는 '죽음'과 '불안'이다.

18일

오늘의 키워드: 억압

참는 자에게 정말 복이 올까?

지크문트 프로이트

#무의식 #리비도 #정신분석학 #억압 #갈등_이론 #프랑크푸르트학파

"억압된 것은 반드시 되돌아온다!"

꼭 좋아하지 않더라도 삶을 이루어내는 과정을 응원하고 존경하게 되는 대상이 있다. 나와 가치관이 다르고 전혀 다른 분야의 사람이라도 삶의 내용을 지지하고 경외심을 갖게 되는 경우가 있는데, 그런 사람들은 한결같이 자신의 신념에 충실하며 초인적으로 열심히 생을 살아간다. 자신의 신념을 세상에 스스로 증명해내는 사람, 자신의 혼을 불살라 무에서 유를 만들어내는 사람, 내게는 지크문트 프로이트(Sigmund Freud, 1856~1939)가 존재 자체로 경외심을 느끼게 하는 그런 인물이다.

오스트리아 출신의 정신과 의사이며, 철학자이자 정신분석학의 창시자인 프로이트는 1856년 3월 6일 야코프 프로이트(당시 40세)와 아말리아 프로이트(당시 20세) 사이에서 장남으로 태어났다. 사실 그의 아버지에게는 이전 부인과의 사이에서 낳은 장성한 아들이 둘이나 있었기에 프로이트는 세 번째 아들이다. 어머니에게는 생의 첫 아들인 프로이트는 어릴 때부터 매우 명석해 5개 국어를 구사했고 고등학교 때까지 수석을 놓치지 않을 만큼 촉망받는 수재였다.

1881년 빈의과대학교를 졸업하고 전공의 생활을 시작한 그는 유독 상류층 여성 환자들에게 히스테리 증상이 많이 나타나는 현상에 주목했다. 그는 당시 상류층 여성들에게 강요된 사회적 억압에 그 원인이 있다고 보았다. 19세기 산업화에 따른 문명의 발달은 20세기에 이르러 많은 구습을 개방적으로 전환시켰고 일상의 문화와 예술 등 삶의 방식에서 사람들의 욕망을 더욱 역동적으로 부채질했다. 그러나 상류층 여성들의 사회에서는 여전히 청교도적 금기들이 강요됐으며 육체의 욕망은 불결하고 부정적인 것으로 간주되어 남성들에 의해 억압당했다. 그런 사회적 억압은 자유를 느끼고 싶은 본능과 사회적 시선을 의식하는 이성 사이에 갈등을 야기해 내면의 죄책감과 불안으로 이어졌고 여성들은 예민해질 수밖에 없었다.

파리의 유명한 신경병리학자 샤르코(Jean Martin Charcot, 1825~1893)의 연구실에서 히스테리 환자들의 치료에 참여하게 된 프로이트는 여성 환자들이 최면상태에서 하는 말들 속에서 내면에 억압된 욕구들을 관찰할 수 있었고, 신체적 증상이 심리적 억압에 의해 발생할 수 있다고 생각했다. 그런 심리적 원인들이 최면 도중 밖으로 발설되는 것만으로도 증상이 호전되는 것을 경험하면서 그는 '사람들의 내면에 억압된 공간, 즉 무의식'에 주목해 정신분석의 초석을 쌓게 된다.

1895년 프로이트는 동료의사 브로이어(Josef Breuer, 1842~1925)와 함께 정신분석의 초석이 된 《히스테리 연구》를 출판한다. 그는 환자들의 묻힌 기억이 최면 치료 중 아주 어린 시기까지 도달한다는 것을 알았으나, 최면이 의사의 주도로 환자의 무의식을 이끌어내는 방식이라는 데 회의를 품고 최면요법을 중단하고 '자유연상법'을 도입한다. 자유연상법은 환자 중심의 구술에서 무의식의 단서를 찾는 것으로 1896년 '정신분석' 치료라 명명된다.

이후 '꿈'을 일상에서 억압된 관계와 저항을 내포하는 무의식의 단서로 보고 꿈을 통한 분석을 시작해 1900년 《꿈의 해석》을 발표한다. 《꿈의 해석》에서 프로이트는 인간은 유아기에 이성 부모에 대한 애정 때문에 동성 부모에게 강한 경쟁의식을 느낀다는 '오이디푸스 콤플렉스' 이론을 발표한다. 그러나 어린아이 시기에 강한 성적 에너지를 경험한다는 프로이트의 주장은 당시 많은 논란을 불러일으켰고, 인간의 본능적 정서와 생의 추동 모두를 성적 에너지인 '리비도'로 설명하는 프로이트의 이론은 학자들에게 비판을 받는다.

프로이트는 리비도가 사춘기에 나타나는 것이 아니라 태어나면서부터 서서히 발달하는 것이라고 생각했다. 성본능이 구강기(0~1세)－항문기(2~3세)－남근기(4~5세)의 과정을 통해 발현되는데, 남근기까지 아동 리비도의 발달이 성인기의 성격 형성에 중요한 축을 이룬다고 보았다. 이때 무의식에 형성된 패턴이 이후 잠복기 혹은 잠재기(6~12세)를 거쳐 성기기(13세 이상)에 이르면 외부 관계에 나타나게 되고, 리비도 에너지가 충분히 충족되었거나 아니면 제대로 충족되지 못했거나 혹은 중도에 좌절되었거나의 영향으로 건강한 삶을 영위하기도 하고 이상성욕(동성애 등)이나 신경증, 도착증, 자기애(나르시시즘), 정신분열 등의 증상이 나타난다고 설명한다. 즉 '억압된 것(리비도 에너지)은 반드시 되돌아온다(증상)'는 것이다.

요즘이야 우울증, 공황장애, 편집증 등 내적 압박에 의한 정신적 고통이 증상으로 나타난다는 것을 일반적으로 이해하지만 프로이트 당대에는 정신병을 기질적 장애, 치매 등으로 받아들여 전기충격, 냉동요법, 심지어 뇌의 일부를 제거하는 등의 무시무시한 치료를 일반적으로 행했다. 천재적 통찰력으로 정신질환을 새로운 시각에서 조명하고 치료 방법을 제시했음에도 프로이트의 정신분석학은 초기부터 보수적인 의사협회로부터 차가운 비판과 조롱을 받았다. 유아의 성적 욕동이론인 오이디푸스기의 개념과 리비도 이론은 학자들의 따돌림을 받았고 급기야 프로이트는 의사협회에서 제명당한다. 그러나 수많은 환자의 사례를 연구한 끝에 집필한《일상생활의 정신병리학》(1901),《성 이론에 대한 세 가지 기여》(1905),《농담과 무의식의 관계》(1905) 등은 아들러(Alfred Adler, 1870~1937)나 융(Carl Gustav Jung, 1875~1961)과 같은 젊은 학자들의 관심을 받았고, 그들과 함께 정신분석학파로 발전해간다.

1908년 프로이트는 자신을 지지하는 빈의 젊은 의학자들과 함께 '빈정신분석학회'를 출범했으나 학회 내에서도 계속되는 반박과 비판 속에 융과 아들러 등의 탈퇴와 절연 등을 경험하면서 고전을 이어갔다. 게다가 애연가였던 그는 그 무렵 구강암을 진단받고 무려 32차례나 수술을 받아야 했다. 부위가 말 그대로 구강이었으니 마시지도 삼키지도 못했을 32차례의 수술기간이 얼마나 고통스러웠을까? 그런 정신적, 신체적 고통 속에서도 프로이트는 연구 열정을 불태워 꼼꼼한 사례연구를 바탕으로 한 논문집과 《쾌락의 원리를 넘어서》(1920), 《자아와 이드》(1923) 등을 집필해 총 24권의 저서를 남겼다.

유대인이었던 프로이트는 1938년 나치의 박해를 피해 쇠약해진 몸으로 평생 터전이었던 빈을 떠나 런던으로 이주했으나■ 이듬해 1939년 9월 23일 사망하기 직전까지도 임상진료와 집필을 멈추지 않았다. 그는 정신분석가로서 자신의 삶에서 인간관계의 패턴과 원인을 통찰하고, 또 학자로서 자신의 초기 오류들을 수정하는 등 스스로가 강조했던 '자기분석'을 실천하며 일생을 통해 임상의학으로 정신분석의 장을 세웠다.

■ 프로이트는 오스트리아 빈에서 태어나 그 도시 안에서 정신분석학의 역사를 구축했다. 그러나 임종 직전 1년을 런던에서 보낸 이유로 현재 프로이트의 생애를 전시한 '프로이트 박물관'은 런던에 있다.

무의식과 의식 사이의 갈등을 설명하는 프로이트의 정신분석학은 그의 딸 안나 프로이트에게 전승되어 현재 '신프로이트학파'로 임상 정신역학과 심리학 전반에 주요한 위치를 점하고 있으며, 사회현상과 인문 전반의 영역을 설명하는 주요 이론의 토대가 되고 있다. 자유를 존중하는 건강한 의식이 건강한 신체의 기반이 된다는 현대 사회의 일반적인 인식의 기초는 프로이트의 생의 공헌이라 해도 과언이 아니다.

쉬어 가기 03

프랑크푸르트학파

#프랑크푸르트_대학 #사회연구소 #신마르크스주의 #부정의_변증법

앞에서 소개한 프로이트를 포함해 현대 철학 쪽에 가까워질수록 학자에 대한 소개에서 '프랑크푸르트학파'라는 표현을 자주 접하게 된다. 그런데 보통 프랑크푸르트학파라고만 언급되고 별다른 설명이 없는 경우가 다반사다. 누구나 다 아는데 나만 모르는 것 같은 이 프랑크푸르트학파에 대해 간단히 살펴보자.

프랑크푸르트학파란 프랑크푸르트대학교 사회연구소를 중심으로 1930년대 이후에 등장한 신마르크스주의 사회이론가 집단을 가리킨다. 이들은 애초에 정통 마르크스주의자로 구성되어 있었다. 그러나 정통 마르크스 이론으로는 20세기에 자본주의가 그 폐해로 인해 쇠락해야 함에도 계속 급성장하는 것을 설명할 수 없었다. 이에 일부 학자들이 자본주의와 사회주의 모두에 회의적 시각을 갖게 되었고 또 다른 가능성을 주장하기 시작했다. 프랑크푸르트학파 이론의 핵심은 헤겔과 마르크스의 유산인 변증법을 부정하는 '부정(否定)의 변증법'이라는 개념체계였고, 그들의 주된 문제의식은 혁명의 필요성이었다.

마르크스의 초기 견해에 의하면 자본주의의 발달은 노동자의 삶을 착취하고 노동 가치를 떨어뜨려 노동자 계급의 해방 욕구로 이어진다고 했으나 현실에서는 그럴 가능성이 보이지 않는데, 이유가 무엇일까? 이성적 사고를 강조해온 서구문명에서 어떻게 인간을 수단화하는 비인간화가 가속될 수 있었을까? 그리고 이에 대해 사회 변화를 일으킬 요건들은 무엇일까? 프랑크푸르트학파는 이런 고민으로 현실의 특성에 대한 비판적 시각을 가지게 된다. 이들이 보기에 현대 사회는 고도의 합리성과 고도의 반합리성이 엉켜 있는 모순적 사회다.

현대 과학기술 문명은 합리적 이성을 토대로 발달한 것으로 보이지만, 오히려 의미와 가치의 문제는 배제되고 발달을 바라보는 학자에게 가치중립적 시각을 강조함으로써 결국 학자들이 자본주의와 지배 권력을 합리화했다고 이들은 주장한다. 현대 합리성의 개념은 고대부터 강조한 윤리와 조화를 근거로 한 합리성이 아니라 과정의 간편성, 보편성을 추구하는 합리성으로 인간 개개의 고유한 의식이 점점 터부시되고 인간의 가치는 과학기술에 의해 물질적인 것, 수량적인 것으로 특징 지워진다는 것이다.

이 학파는 독일의 철학자 호르크하이머(Max Horkheimer, 1895~1973)가 2대 소장으로 취임한 1930년대부터 본격적으로 사회철학의 정체성을 뚜렷이 확립하고 마르쿠제(Herbert Marcuse, 1898~1979), 아도르노(Theodor Wiesengrund Adorno, 1903~1969) 같은 학자들이 참여하면서 활발한 공론을 이어간다. 이 무렵 당대 이슈인 정신분석학에 주목해 사회현상과 프로이트의 이론을 연결지어 현대 사회의 대중 의식을 설명하고자 했다. 프로이트의 정신분석학은 보이지 않는 정신 영역인 '무의식'의 불확실한 성격 때문에 초기에는 경시되었으나, 마르크스의 주장이 실현되지 못한 것과 폭력적인 파시즘에 열광하며 복종한 대중의 심리를 설명할 도구가 되었다. 이에 마르쿠제, 에리히 프롬(Erich Fromm, 1900~1980) 등의 학자들에 의해 마르크스 이론과 연결되어 현대 사회에 대한 입체적 조망을 가능하게 했다.

프랑크푸르트학파는 현대 사회와 주체를 설명하는 학파로서 1960년대 이후 이른바 '현대성에 대한 철학적 담론'에 관한 연구를 꾸준히 이어가고 있다. 의사소통의 기능에 주목해 현대의 철학담론 연구를 이어가는 위르겐 하버마스(Jürgen Habermas)와 개인들의 인정투쟁의 장으로 사회문화를 바라보는 악셀 호네트(Axel Honneth, 1949~) 등이 현대 프랑크푸르트학파의 대표적 학자다.

4장

근대와 현대 사이의 과도기

인간의 이성은 어떻게 무너졌을까?

근대 철학이 가열차게 주장했던 '이성적 인간상'은 곧 여러 지점에서 비판을 받게 된다. 이성중심주의의 정점인 헤겔에 이르러서는 '이성'만이 '절대적인 것', '합리적인 것'으로 고양되어 이성적이지 않은 것은 그 자체로 '비합리적인 것', '다스려지지 않은 미숙한 것'으로서 교정의 대상으로 간주된다. 근대의 종말은 이성에 대한 의심과 회의에서 예고된다.

근대에서 현대로 이어지는 철학의 특성은 이성이라는 명분하에 가해진 일들의 결말이 정말 이성적인지에 대한 환기다. 서양제국의 식민지화 명분인 '야만의 이성화'는 지극히 폭력적이고 착취적 만행에 지나지 않았으며 합리적 이성에 근거한 자본주의체제는 인간을 '도구화'해 오히려 소외시키는 결과를 낳았기에, 이 시기의 철학은 근대성과 현대성에 대한 질문에서 현존재로서 우리가 '현존하는 시간'에 주목한다.

이 시기 철학자들은 '이성화'가 또 다른 '도구적 권력'임을 고발한다. 이들은 인간이 이성보다는 물질적 욕망에 종속되고 여전히 구조적 욕망을 따르며 더 많은 권력을 확보하려는 본능 속에 살아가고, 근대 철학이 규정한 이성적 주체란 존재한 적도 존재할 수도 없다는 의심으로 철학이 상정하는 이성주의를 재고한다. 나아가 이성보다는 오히려 '차이'와 개개인의 '본래성'의 가치를 주장하며 기존 의식을 확장한다.

19일

오늘의 키워드: **인간의 조건 1**

생각이 없는 것도 죄인가요?

해나 아렌트

#아이히만 #전체주의 #생각의_무능 #근면성 #악의_평범성

"다른 사람의 처지를 생각할 줄 모르는 생각의 무능은
말하기의 무능을 낳고 행동의 무능을 낳는다."

무려 600만 명가량의 유대인을 오시비엥침(아우슈비츠)의 가스실에서 학살한 히틀러의 충복 아돌프 아이히만은 유대인들을 색출해 신분을 분류하고 강제 수용소와 가스실로 보낸 장본인이다. 나치전범 중에서도 주범인 그는 12년간 이탈리아로 피신해 신분을 숨기고 살다가 검거되어 전 세계로 중계되는 재판에 회부되었다. 전 세계 기자들이 이를 취재하기 위해 예루살렘으로 모여들었고, 당시 기자였던 해나 아렌트(Hannah Arendt, 1906~1975) 역시 아이히만의 재판을 참관하기 위해 한달음에 달려갔다.

그런데 끔찍한 처형의 현장으로 수백만 명의 사람들을 실어나른 중책을 지휘한 악마라기에 아이히만은 너무나 평범한 초로의 아저씨 모습이었고, 검거 당시 주변인들은 그가 선량하고 좋은 이웃이었다고 증언했다. 자신의 죄를 인정하느냐는 물음에 그는 자신은 죄가 없으며 주어진 일을 시키는 대로 열심히(?) 했을 뿐이라고 말했다. 유대인이라는 이유로 여기저기 피신을 다니며 사투의 현장을 직접 경험한 아렌트는 재판을 지켜본 이후 《예루살렘의 아이히만》(1963)이라는 저서를 집필했는데, 이 책에서 그녀는 "그의 죄는 '사유의 불능성', 그중에서도 다른 사람의 입장에 대해 생각하지 못한 무능함"이라고 기록했다.

아렌트는 정치철학자로 많이 소개되지만, 아렌트 자신은 그런 호칭을 거부했다고 한다. 철학은 항상 '단독자인 인간'에 관심을 갖는다는 게 그 이유였다. 아렌트는 자신을 정치이론가로 칭하고자 했는데, 자신이 늘 '한 인간'이 아닌 '인류'를 중심에 두고 있었기 때문이라고 했다(이 시대 하나의 유행이었는지 푸코와 하이데거도 그런 주장을 했다). 아렌트의 관심이 개인이 아닌 공동체성을 기반으로 한 인류에게 집중된 것은 그 개인의 이력과 무관하지 않아 보인다.

아렌트는 독일 린덴의 유대인 집안에서 태어나 쾨니히스베르크(칸트가 생애 내내 한 번도 떠나지 않았던 고향)와 베를린에서 자랐다. 아렌트는 마르부르크대학교에서 하이데거의 지도하에 철학을 공부했으며, 18세부터 21세까지 하이데거와 연인 관계로 지냈다. 당시 하이데거는 유부남이었고 심지어 그의 부인조차 둘의 관계를 알고 있었다고 한다. 하지만 그런 사랑이 현실적으로 인정되기 어려울뿐더러 나치에 협력적인 하이데거와 사상적 차이가 있음을 확인한 아렌트는 그를 떠나 후설에게로 가서 배움을 이어가고자 했다. 그러나 하이데거의 당부를 받아들여 하이델베르크로 이주해 실존주의 철학자이자 심리학자인 칼 야스퍼스(Karl Jaspers, 1883~1969)에게 지도를 받는다. 이 시기에 아렌트는 '아우구스티누스' 사상에 입각한 사랑의 개념에 대한 논문을 써서 1929년에 출판했음에도 유대인이라는 이유로 1933년에 교수자격(하빌리타치온)을 취득하지 못했으며, 이로 인해 독일 대학에서 강의하는 것도 좌절되었다.▪

유대인에 대한 나치의 압박이 심해지자 독일에서 프랑스로 피신한 그녀는 문학평론가이며 마르크스 신비주의자인 발터 베냐민(Walter Benjamin, 1892~1940)과 친분을 맺고 긴밀한 교류를 이어가는 한편 유대계 망명자들을 돕는 일에 나섰다. 그러나 제2차 세계대전 중 독일이 프랑스 일부를 군사적으로 점령하고 유대인 색출에 들어가자 아렌트는 프랑스에서도 도주해야 했다. 1940년 그녀는 독일의 시인이자 철학자인 하인리히 블뤼허(Heinrich Blücher)와 결혼하고, 1941년 남편과 어머니와 함께 미국으로 망명했다.

1961년 아렌트는 아이히만의 재판에 참석해 그의 증언을 생생히

▪ 그녀가 유대인이라는 이유로 하이데거가 교수자격 취득 반대에 앞장섰다고 한다.

목격하고 나서, 악은 끔찍한 괴물의 모습으로 존재하지 않으며 우리 삶에 매우 평범한 모습으로 자리 잡고 있다는 내용의 《예루살렘의 아이히만》을 집필했다. 책 내용 중 "일상의 우리가 사실 대부분 그렇듯이… 하라는 일에 그냥 따르면서 악을 악인 줄 모르고 살았던 것이다"라는 표현 때문에 당시 엄청난 반발을 사기도 했다. 그러나 아렌트는 의무와 명령에 따르기만 하는 삶을 살았던 아이히만을 통해 지시를 충실히 따르는 것은 애완동물도 할 수 있는 일이므로 인간이라면 적어도 자신의 행동에 대해 생각할 줄 알아야 한다는 것, 그리고 그 '생각'이 때로는 사회적 통념에 위배되더라도 그렇게 해야 한다는 소신을 말한 것이다.

제2차 세계대전이 끝나고 나치를 도운 혐의로 청문회에 기소된 하이데거를 위해 아렌트는 비록 그가 나치에 협조했다는 과오가 있긴 하지만 그의 사상과 철학이 세상을 위해 꼭 필요하다고 증언했다. 이후 둘은 평생 서신을 교환했으며 하이데거가 노환으로 눕자 부인은 남편을 위해 아렌트를 초청했다. 이때 아렌트는 한달음에 하이데거를 만나러 독일로 갔는데, 이 일화는 아렌트와 하이데거가 젊은 시절의 애정 관계를 뛰어넘어 서로에게 사상적으로 충만한 영향을 미치는 관계였음을 시사한다.

아렌트는 독일 출신이지만 자신을 독일 국민이라고 생각해본 적이 없으며, 유대인이라는 이유로 나치가 신분을 말소한 이후 미국 시민권자가 되기까지 무국적자 신분으로 지내면서도 활발하게 인간에 대한 통찰을 이어갔고 정치와 공동체의 사안에 문제의식을 제기했다. 특히 저서 《전체주의의 기원》《인간의 조건》 등에서 자신의 삶에서 목도한 인류 전체를 통제하려 한 파시즘과 나치즘의 양식이 인간의 본성 안에 자리하고 있다는 설명을 통해 전체주의에 대한 경고를 보낸다.

그녀는 우리가 내부에 인간다운 미덕을 본성으로 지닌 존재들이라고는 생각하지 않았다. 대신 인간다움에 대해 성찰할 만한 사고는 가능하기에 '내 선택이 이후에 미칠 사태에 대해 생각하고 행동함으로써' 인간다움을 선택해야 한다고 주장했다. 아렌트가 우리에게 전하는 말에 의하면 가장 악한 것은 생각 없이 그냥 따라가는 것, 남이 하라니까 하는 것, 바로 그것이다.

20일

오늘의 키워드: 인간의 조건 2

인간은 어떻게 실존하는가?

마르틴 하이데거

#존재와_시간 #존재자 #존재 #시대의식 #피투 #기투 #인간의_도구화

"죽음에 대해 이해하고 현재를 산다면 인생을 이해할 것이고
죽음을 모르고 회피하는 사람은 불안으로 삶의 의미를 상실할 것이다."

해나 아렌트 주변은 온통 철학자들로 빼곡하다. 당시는 자본과 체제에 대한 온갖 이념들이 쏟아지던 시대이자 제2차 세계대전을 지나면서 생명의 가치와 인간의 윤리가 부각되던 때였다. 시기적으로 지금 우리가 현대 사상이라 논하는 것의 기반이 되는 때였기에 아렌트의 인맥은 사실상 현대 철학인물사전 그 자체라 할 수 있다. 게다가 특정 시기에 와르르 몰려 있는 사상가들이 앞서거니 뒤서거니 하면서 이론을 구축해놔서 정작 그 뒤의 학자들은 딱히 학(學)으로 주장할 소재조차 찾기 힘들었을 것 같다는 괜한 안타까움마저 들 정도다. 지금 살펴볼 마르틴 하이데거(Martin Heidegger, 1889~1976) 역시 실존주의, 해석학, 현상학 등 온갖 사상적 기반에 혁혁한 기여를 해 후대 사상가들에게 학문적 빈곤을 초래한 인물이다.

아렌트보다 앞선 인물이지만 하이데거를 뒤에 소개하는 것은 그가 더 최근까지 현대 사람들 사이에 있었기 때문이다. 그는 해나 아렌트보다 더 오래 살았다. 노환으로 쇠약해진 하이데거를 위해 기꺼이 독일까지 찾아갔던 아렌트는 이후 하이데거보다 먼저 세상을 떠났고, 하이데거는 그녀의 장례식 즈음 몸이 좀 나아졌는지 직접 장례식에 참석했다고 한다.

전도유망한 아렌트의 청춘을 매혹한 하이데거는 저서 《존재와 시간》(1927)으로 일약 20세기를 대표하는 지성의 반열에 올랐다. 《존재와 시간》은 오늘날에도 필수 인문서이자 여전히 유효한 철학적 주제를 담고 있지만, 문장들이 어렵기로도 유명하다. 책의 내용은 제목에서 알 수 있듯이 철학이 시작되면서부터 줄곧 다뤄온 주제인 '존재'에 대한 것이다. 하이데거는 《존재와 시간》의 첫 장에서 존재의 의미를 구체적으로 정리하기 위함이라고 집필 동기를 호기롭게 밝혔지만, 이 책의 논증이 매우 탁월한 의식으로 평가받는 것과 별개로 사실 그는 집필 동기를 이루지는 못했다.

하이데거는 기존 철학이 사실상 존재의 의미를 한 번도 규명한 적조차 없다고 문제의식을 제기하며 책을 시작하지만, 애초에 2부로 구성되었던 책은 1부 2편의 '현존재와 시간성'까지만 다룬 미완성작이다. 1부 3편에 해당하는 '시간과 존재'는 하이데거의 다른 저서 《현상학의 근본문제들》에서, 그리고 아예 들어가지도 못한 2부 역시 《칸트와 형이상학의 문제》와 같은 저작들에서 사유를 전개하고 있긴 하지만, 엄밀히 말해 《존재와 시간》 자체로는 현존재의 사유를 밝혔을 뿐 존재의 의미를 규명하지는 못했다. 그는 일단 존재를 규명하기 위해서는 존재와 존재자가 무엇인지 구분해야 하고, 존재에 대한 물음에 대해 '현존재'(=인간)가 스스로 답할 수 있어야 한다고 주장한다.

하이데거 사상의 중핵인 《존재와 시간》을 요약해보자면, 존재자는 세상의 모든 존재를 포함하는 것이고 존재는 "원인도 없고 이유도 없는 영원한 놀이"라고 말한다. 이를 미루어 짐작해보면 존재는 세계 속에 계속 채워지는 유기체들의 운동성, 인간의 변화하는 정신으로 이해할 수 있다. 존재 중에서 인간만이 존재자의 의도를 이해하려고 애쓰는 존재이므로 세계 내의 존재, 즉 '현존재(Dasein)'라고 명명된다. 자신의 존재를 고민하는 존재, 즉 인간은 부모와 시대와 환경 등에 아무런 선택권 없이 세계 안으로 내던져진 존재이므로 '피투(被投)된 존재'다. 이렇듯 피투된 채로 누구도 대신해주지 않는 자신의 삶을 살아야 하는 '각자성'을 가지고 있기에, 우리는 매 순간 스스로 결단하고 선택해서 삶을 마주하는 '본래성'을 실천해야 한다는 것이다. 그는 이를 회피하려는 태도를 '비본래성'이라고 칭했다. 현존재가 비본래성에 빠져 책임을 회피하려 할 때, 본래성이 이에 대한 자각으로 보내는 신호가 불안이다. 즉 불안은 현존재를 각성시키는 장치인 셈인데, 살아있음의 확인이기도 한 이 불안 중 최고 불안을 그는 죽음이라고 했다.

하이데거는 다음과 같이 경고한다. 현존재의 존재양식은 매 순간의 의지를 행동화하는 실존인데 과학과 기술이 발전할수록 우리 삶 속에 실존이 사라지고 권태가 늘어나기 때문에 오히려 마치 세상의 주인인 양 기능하는 과학과 기술에 의해 우리 실존은 종속되어간다고 말이다. 그렇기에 우리는 죽음을 기억하고 늘 치열하게 기투(企投)[■]의 자세로 살아야 한다는 것이다. 플라톤 이래 철학은 존재를 고정된 이상으로 바라보았다. 고대의 이데아를 중세의 신으로, 근대의 이성으로 고정시켜온 관점을 하이데거는 잘못된 것으로 보았다. 이에 따라 그는 존재를 현존재로 명명해 세계 속에서 매 순간 기투하며 그 속에 있는 것들과 관계맺음을 통해 우리가 존재한다고 주장했다.

하이데거의 이런 역동적 존재론은 당대 사상가들은 물론 사르트르와 메를로 퐁티(Maurice Merleau Ponty, 1908~1961) 등 후대 철학자들의 입장에 큰 영향을 주었다. 그러나 마을 주민이 모두 가톨릭 신자였고 매우 보수적인 독일 남부의 반유대주의 정서 속에서 자라서였을까? 그의 이력에 꼬리표처럼 붙어다니는 친나치 행적은 하이데거 사유의 보수성을 적나라하게 보여준다. 스승인 후설이 유대인이라는

■ 현재를 초월해 미래에로 자기를 내던지는 실존의 존재 방식으로 하이데거나 사르트르의 실존주의의 기본 개념이다.

이유로 교수직에서 파면될 때 방관을 넘어 종용했다는 주장도 있고, 연인이었던 아렌트가 교수 후보로 거론될 때도 유대인이라는 이유로 반대했다고 한다.■ 그후에 친나치 행적으로 재판에 회부됐을 때 친구들의 증언으로 수감형을 면했음에도 딱히 감사해하거나 친나치 행적에 대한 회한도 없었다던 그에게 의문이 든다. 피투된 세계에서 기투하는 현존재를 주장한 하이데거 자신은 정작 매 순간 기투하는 현존재였을까? 끝내 본래성을 실현하지 못한 채 오직 유일한 자부심, 독일인이라는 보수적 우월감에 평생 젖어 살았던 것은 아니었을지, 자기 존재의 모순을 회피하는 비본래적 존재가 아니었을까 하는 의문 말이다.■■

■ 서울대학교 철학사상연구소 참조.

■■ 하이데거를 옹호하는 사람들은 친나치 행적에 대해 애국심이 강했기 때문이지 히틀러에게 충성한 것은 아니라고 한다지만, 개인적 의견을 밝히자면 애국과 민족에 제한된 관점도 현존재에게는 고정된 이상이 아닌가 한다.

21일

오늘의 키워드: **욕망**

욕망은 왜 끝없이 계속되는 것일까?

자크 라캉

#욕망 #주체 #거울단계 #프로이트 #파면 #세미나 #공백의_주체

"인간은 타인의 욕망을 욕망한다."

일명 '호캉스(호텔에서 보내는 바캉스)'가 유행이다. 그런데 조식과 점심, 가벼운 산책과 포토타임이 어우러진 훈훈한 호캉스의 만족감은 그 여운을 미처 음미하기도 전에 돌아오는 차 안에서 벌써 심드렁해지고 만다. 마음은 다음 코스의 욕망으로 달려간다. 맛있는 음식을 먹고 식당을 나서면 커피 생각이 나고, 커피를 손에 들면 디저트가 생각나고, 디저트를 포장하고 나면 그 옆의 다른 케이크에 눈이 가는 것처럼 우리 욕망은 계속 다른 것으로 옮겨간다.

프랑스의 현대 정신분석학자 자크 라캉(Jacques Lacan, 1901~1981)은 이렇게 일평생 지속되는 인간의 욕망에 주목했다. 그의 욕망 이론은 현대 정신분석학, 철학, 미학 등의 사상에 두루 영향을 미쳤다. 라캉은 프랑스 파리의 부유한 집안 맏아들로 태어났다. 1907년 라캉은 파리 부르주아 계층 자녀들이 다니는 명문 콜레주 스타니슬라스에 입학했다. 그곳에서 그는 부모의 가치관에 따라 전통주의적 초중등 교육을 받았고 고등사범학교에 진학해 철학에 심취하게 된다. 이후 의학과 정신병리학을 전공하고 1932년 정신의학 학위를 취득한다. 그는 1930년대의 초현실주의 화가와 작가들의 무의식에 대한 탐구와 표현에 영향을 받아 무의식의 정신세계를 탐구하는 데 일찍이 관심을 보였고, 프로이트의 초기 이론에 주목해 "프로이트로 돌아가자"라고 주장하며 프로이트의 갈등 이론과 오이디푸스 이론 그리고 무의식 담론 등을 자신의 언어로 재해석했다.

라캉은 프로이트의 오이디푸스 콤플렉스 이론을 자신의 '거울단계' 이론으로 발전시켰다.▪ 그는 프로이트의 자아를 주체 개념으로 설명하면서, '주체'가 언어로 규정된 상징적 세계 속에서 개인의 욕망이 타자와의 상호작용을 통해 나타난다고 보았다. 인간은 태어나서 어느 정도 발달을 거치면 필연적으로 기존(부모의) 언어체계를 받아들이는 수순으로 언어의 체계(상징계)에 진입하는데, 이때 어린아이는

▪ 1936년 국제심리분석협회(IPA)에서 발표한 논문 내용이다.

타자에 의해 이미 구현된 언어 세계에 함입되면서 기존에 전능적이라고 믿었던 자신의 불완전함을 깨닫게 된다. 이때 전능함에 대한 손상은 계속 '주체' 안에 상처로, 결핍의 흔적으로 남는다. 인간의 '주체'는 결국 상징적 영역인 이 세상에서 언어의 한 부분으로 누구의 아들, 어느 회사의 차장, 몇 살의 누구 같은 '기표'를 획득하게 되지만, 동시에 '의미'로의 존재는 언어의 세계에서 상실된다. 그리고 '잃어버린 의미'는 인간이 찾고자 하는 '본질적 욕망'이 된다.

라캉은 언어적 설명을 통해 인간의 '본질적 욕망'이 결국 의미를 완전히 담아내지 못하는 한계 때문에 이 기표의 세계에서는 욕망이 영원히 충족되지 않는다고 주장한다. 그렇기 때문에 아무리 자신이 원하는 것을 실현했다 해도 그 충족감은 오래가지 못하고 다시 타자들에 의해 새로운 욕망이 생겨난다고 설명한다.

문제는 그 새로운 욕망을 막상 실현했을 때 만족감이 오래가지 않을 뿐만 아니라 오히려 내면에 뭔가 부족하고 허전한 느낌이 들기 때문에, 인간은 평생 세상 속에서 타인들의 욕망에 영향을 받고 타자들의 욕망을 좇을 수밖에 없는 존재라는 것이다. 심지어 개인의 무의식에조차 타인들의 욕망이 투영되어 무의식이 언어처럼 구조화된다고 보았다.▪

이 현실과 내면의 괴리감의 원인인 '결핍된 주체의 욕망'은 정신분

▪ 그렇기 때문에 의식으로는 설명할 수 없는 꿈의 이야기들이 그 내면의 구조적 의미로 파악될 수 있다고 보았다.

석학계는 물론 철학에 상당한 영향을 미쳤다. 1953년 라캉은 파리정신분석학회 회장이 되었으나, 임상에서 타자와의 관계성에 주목한 '비어 있는 주체'에 대한 접근으로 당시 전형적인 임상 방법들과 다른 입장을 취했고, 프로이트의 이론에 주목해 증상의 치료가 정신분석학의 목표라는 견해를 거부하는 등 기존 정신분석학에 대한 비판으로 다른 정신분석가들의 지탄을 받는다. 이로 인해 1963년 국제심리분석협회는 학회에서 라캉을 제명할 것을 요구하고 그는 프랑스정신분석학회(SFP)에서 파문당한다.

그러나 1951년 이후 꾸준히 세미나를 진행해온 라캉의 주변에는 인간 본질에 대한 통찰을 논하는 그의 담론을 지지하는 학자들이 있었고, 알튀세르(Louis Althusser, 1918~1990)와 레비스트로스(Claude Lévi-Strauss, 1908~2009) 등의 후원으로 파리의 지성을 대표하는 고등사범학교에서 교수직을 맡으며 1979년까지 꾸준히 세미나를 이어갔다. 라캉의 세미나는 정신분석학자들뿐만 아니라 당시 사유의 장을 이끌었던 메를로 퐁티, 알튀세르, 레비스트로스 같은 학자와 편집자 등 저명한 인사들이 참여할 만큼 격조 있는 토론의 장이었다. 1981년 라캉이 파리에서 사망한 이후 이 세미나의 내용은 《자크 라캉 세미나》로 출판되었다.■

라캉의 주장대로 인간이라는 주체의 특성이 평생 타인의 욕구

■ 자크 라캉 저, 맹정현, 이수련 역, 《자크 라캉 세미나11-정신분석의 네 가지 근본개념》, 새물결, 2008, 내용 참조.

에 감염되고 타인의 기대에 부응하고자 하는 그런 것만이라면 라캉이 그토록 파란만장한 투쟁의 시간을 보낼 필요가 있었을까? 라캉은 주체가 계속 욕망을 추구하는 과정에 주목한다. 그 추구의 과정과 방향 속에서 잠깐씩 진정한 자신의 의미의 자리, 즉 '나의 주체'가 드러난다는 것이다. 라캉은 그 방향들이 꾸준히 지향하는 패턴 속에 주체가 찾으려는 의미의 조각들이 들어 있기에 자신의 증상을 다 비워보라고 제안한다. 통 안에 들어 있던 자신의 욕망들을 다 털어버리면 그간 무엇으로 자신을 채우려고 했는지 단서를 찾을 수 있다는 것이다.

"나는 생각하기 때문에 존재하는 것이 아니고 생각하지 않는 곳에 존재한다"는 라캉의 주장을 보면, 그가 텅 빈 주체를 말함이 아니고 이미 있었던 그러나 찾아가야 하는 주체를 말한다는 것을 알 수 있다. 라면 뒤에 아이스크림 그리고 또 감자칩, 택배 뒤에 또 다른 택배가 이어지는 상황에 대해 생각해볼 것은 그 거듭되는 욕망의 자리에서 같은 것들을 왜 매번 반복하고 있는가 하는 질문이다.

22일

오늘의 키워드: 인식

지금 내가 옳다고 믿는 것은 나중에도 옳은 것일까?

미셸 푸코

#독사(잘못된 인식) #에피스테메(참된 인식) #플라톤 #지식의_고고학 #자기_배려

"우리는 시대의 도덕에 맞서는 영웅이 되어야 한다!"

몇 년 전 상류층의 의대입시 경쟁을 소재로 다룬 드라마 〈스카이 캐슬〉이 큰 화제를 모았다. 드라마가 흥행한 배경에는 여러 가지 요인이 있겠지만 그중에서도 많이 회자된 내용을 바탕으로 추정해보자면, 상류층이라고 여겨지는 계층의 추악하고 가식적인 민낯을 적나라하게 표현해낸 덕분일 것이다. 이 드라마는 상류층 가정들이 각각 얽혀서 자녀의 입시를 위해 치닫는 경쟁 과정을 지저분한 암투로 보여줌으로써, 인간이 배움과 사회적 지위에 상관없이 얼마나 쉽게 조종당하고 좌절하는 얄팍한 존재인지 드러내며 매회 쏠쏠하고 또 씁쓸한 여운을 남겼다.

그런데 정말 자녀 입시 때문에 사람을 죽일 수 있을까? 인구가 줄어 대학들이 문을 닫고 교육 시스템이 하루가 다르게 바뀌는 실정인데 미래에도 명문대 학벌은 여전히 성격이나 인성과 상관없이 '묻지마 스펙'이 될 수 있을까? 지금 이렇게 학원에 시달리며 자라난 아이들도 부모가 되면 똑같이 "공부공부!" 하는 학부모가 될까?

사르트르 이후 프랑스 최고의 철학자라 불리는 미셸 푸코(Michel Foucault, 1926~1984)는《광기의 역사》《말과 사물》《주체의 해석학》 등의 저서를 통해 시대별, 지역별로 달라지는 인간 인식의 차이를 설명한다. 미셸 푸코는 현대 철학에서 주요한 의식의 기반을 정교한 역사적 고증을 통해 범세계적 차원의 관점에서 정리한 철학자다. 그러나 정작 그는 자신이 철학자로 불리는 것을 거부했다고 한다(이 시대 철학자들 중에 이런 입장을 보인 인물이 은근히 많다).

철학자들이 강조한 이성에 대한 푸코의 통찰에 의하면 인간의 특성은 그렇게 이성에 치우쳐 있지 않다. 그는 역사 속에서 철학자들이 강조한 이성에 의해 자행된 만행들, 비합리적 소행들을 통해 비이성적 특성의 인간을 설명했다. 사람들이 계몽에 의한 인도주의를 주장할 때 푸코는 인도주의 가면 아래 자행된 식민지의 역사로 인간의 인식에 대한 위선을 지적했으며, 사람들이 지식을 강조할 때 지식이 권력욕과 다르지 않음을 고발했다. 푸코는 과거의 담론을 현대적으로 재조명해 자신의 언어로 새로 설명하고자 했다. 성의 역사 등 다양한 분야의 고증을 통해 기존 통념들이 본연의 본질에서 벗어났음을 설명하며 우리 의식을 지배해온 기존 인식을 환기했다.

1926년 프랑스 푸아티에의 유복한 의사 집안에서 태어난 푸코는 의사가 되기를 종용하는 부모의 뜻에 반해 가출을 감행했고, 소르본 대학교에서 철학과 심리학, 정신병리학을 공부했다. 1951년 26세에 교수자격시험에 합격한 뒤 스승 알튀세르의 추천으로 고등사범학교에서 강의를 시작했고, 1970년 이후 고등교육기관 콜레주 드 프랑스의 사상사 교수로 재직하며 '사유 체계의 역사'라고 스스로 이름 붙인 과목을 강의했다. 푸코는 시대별로 발굴되는 고고학적 유물이 다르고 같은 시기라도 지역에 따라 문화가 다르듯이, 이성을 바라보는 시각과 보편적 가치에 대한 인식도 시대별로 다르다고 주장했다. 이러한 푸코의 인식, 즉 에피스테메(épistémè)■는 플라톤이 절대적 하나의 이상으로 강조한 에피스테메와 달리 시대별 또 지역별로 다를 수밖에 없으며 그는 사람들이 무의식적으로 그 인식을 따라간다고 보았다.

사회 전반의 모든 문제를 이런 인식으로 바라보았던 푸코는 다양한 사회적 기구에 대해서도 비판했다(푸코의 설명 방식은 늘 역사적 고증을 거친다). 특히 현대의 학교, 병원, 감옥 같은 시설은 고대에 인간의 신체를 갖가지 방법으로 고문하고 통제하던 잔인한 권력이 현대적으

■ 과학적 지식, 직업적 · 전문적 지식, 지식 일반을 가리키는 말로 지식 또는 과학을 뜻하는 그리스어다.

로 옮겨온 것에 지나지 않는다고 주장했다. 16세기에 광기는 특이함으로 인식되었으나, 이후 사람들이 보편적이지 않은 것을 비정상으로 인식하면서 가두어야 할 것으로 그 시각이 바뀌게 된다. 범죄자의 신체는 고문해야 하는 것에서 인식의 전환을 통해 가두어야 할 것이 되었다가, 산업화로 노동력이 필요해지자 교화시켜서 다시 사회에 내보내야 하는 것으로 인식이 바뀌었다는 말이다. 현대 과학기술 역시 시대에 따라 그 정의가 바뀌어갈 것이라고 바라본 푸코는 우리가 지금 무의식적으로 따라가고 있는 인식들이 본래의 의미에서 변질되었음을 강조한다.

드라마가 보여주는 입시 경쟁의 민낯은 지식을 권력욕 그 자체로 바라본 푸코의 통찰과 다르지 않으며, 무의식적으로 따라가고 있는 무의식의 담합은 우리 스스로 '자기인식'이 실현될 수 있을 때까지 계속 고여 있을 것이다. 푸코는 1984년 마지막 저작 《성의 역사 3: 자기 배려》에서 헬레니즘, 로마 시대 자기 배려의 전통을 성(性)을 통해 설명한다. 이 시기의 성과 쾌락에 대한 관점이 고대와 다른 점은 이 시대에 성적 쾌락에서 강조한 자기 배려의 의미가 주체가 자신과의 관계를 고찰하는 계기가 됐다는 것이다. 이 시대의 자기 배려는 성과 쾌락에 대한 성찰로서 개인의 자기제어가 윤리 차원으로 여겨졌고, 쾌락을 활용하는 측면에서 개인은 이미 스스로 엄격성을 실천했다. 이는 이후 기독교의 성에 대한 엄격한 금기의 전통으로 이어졌다고 볼 수 있겠지만, 고대 헬레니즘과 로마 시대의 엄격성은 자발적 개인의 인식으로서 엄격성을 보편적 인식으로 강요한 기독교의 인식과는 차이가 있다.

푸코는 저서에서 로마 시대의 이런 주체의식은 자기 자신과의 관계를 강화하고 그것에 가치를 부여한다는 점에서 '자기 연마'의 과정으로 볼 수 있고, 자기 연마는 삶에서 자신을 돌보아야 한다는 원칙으로 작용해 자기 배려의 원칙이 된다고 설명했다.▪

▪ 미셸 푸코 저, 이혜숙, 이영목 역, 《성의 역사 3: 자기 배려》, 나남, 2004, p. 58~61 참조.

23일

오늘의 키워드: 실존

산다는 것은 즐거움인가 고통인가?

장 폴 사르트르

#노벨문학상 #실존주의 #보부아르 #존재와_무 #구토 #의식 #의미

"실존은 본질에 앞선다."

앞에서 근대 이성이 키르케고르에 의해 실존주의 형태로 자리 잡고 하이데거의 현존재적 실존으로 확립되는 과정을 살펴보았다. 이 관념상의 실존 개념에 '실존주의'라는 지금의 명칭을 붙인 인물이 프랑스의 철학자 사르트르(Jean Paul Sartre, 1905~1980)다.

프랑스 독립운동 당시 레지스탕스 활동,▪ 알제리 독립운동 지지 활

▪ '나치에 대항하는 조직'으로서 프랑스가 독일에 점령되었을 당시 카뮈 등도 가담했다. 사르트르는 자신보다 더 열성적으로 레지스탕스 활동을 한 카뮈와 교류하게 되고 이를 계기로 《이방인》에 대한 해설서를 쓴다.

동, 보부아르(Simone de Beauvoir, 1908~1986)와 평생에 걸친 계약결혼, 1964년 노벨문학상 수상 거부 외에도 사르트르는 숱한 전설적 이력을 보유한 인물이다. 그는 《존재와 무》(1943)라는 철학서를 펴내 재미없고 난해하기로 정평이 난 철학 분야에서 46판이나 재쇄를 찍은 압도적 기록이 말해주듯 명실공히 철학계 '인사이더'다.

사르트르라는 예쁘장한 이름과 달리 인터넷에서 그를 검색해보면 시내 한복판 트럭 위에서 팔을 걷어붙이고 메가폰을 잡은 채 열렬히 구호를 외치는 시위대 대장 같은 이미지가 주르륵 펼쳐진다. 본질을 여러 각도에서 보는 듯한 그의 이미지는 당장이라도 독설을 쏟아낼 것만 같다.

사실 사르트는 사진 속 인상적인 눈빛만큼 또 열성적인 현장의 이미지만큼 생을 다각적으로 열심히 살아낸 사람이다. 노벨문학상 수상 이력을 통해 알 수 있듯 그는 일찍이 단편소설과 희곡, 평전 등 문학계에서도 독보적인 입지를 굳혔다. 문학, 정치, 사상을 관통해 그가 말하고자 하는 것은 '존재의 의미'라는 하나의 주제다. 소설 《구토》, 희곡 〈파리떼〉 〈출구는 없다〉 등 대중이 열광하는 그의 작품 안에는 사실상 인간에 대한 존재론적 고민이 녹아 있고, 이런 사상적 뒷받침 속에 실존주의 연극시대가 열렸으니 '존재'라는 문제의식에 주목한 철학자라 부르는 것이 적합할 것 같다.

하이데거의 사상에 영향을 받은 사르트르는 '실존'이란 그냥 존재하는 것이고, '본질'은 그 존재 이유와 목적을 말한다고 개념을 정의

한다. 컵, 연필, 가방 등 우리가 사물이라고 인식하는 모든 것은 그 존재성의 이유와 목적을 가지고 있다. 컵은 물을 담기 위해, 연필은 글씨를 쓰기 위해, 가방은 소지품을 담기 위해. 그러므로 사물은 본질이 실존에 앞선다. 그냥 있는 것이 아니라 '본질'로써 '생겨나게' 된다. 그런데 인간은(하이데거의 표현처럼) 존재 이유와 목적을 모르는 상태로 세상에 던져진다. 그러므로 인간은 실존이 본질에 앞선다.

사르트르의 소설 《구토》(1938)에서 주인공 '로캉탱'은 계속되는 구토 증상을 겪는다. 순간순간 울컥울컥 올라오는 구토는 낯선 세상에 피투된 인간이 겪는 감정들을 상징한다. 인간을 대표하는 로캉탱이 소설에서 구토를 가라앉히는 방법은 재즈를 듣는 것이다. 즉 익숙함에 자신을 내맡기고 있을 때다.▪

실존은 존재(이유)를 자각하는 주체적인 상태이므로 매 순간 자신의 의지를 의식하고 행위를 선택하는 것에 대한 책임으로 번민이 발생한다. 그 책임을 회피하고자 인간은 기계적이고 반복적인 패턴에 자신을 내맡긴다. 사르트르는 사물처럼 있는 그대로 존재하는 것을 '즉자'라 하고, 인간처럼 생각과 판단 등 '의식'을 가진 존재를 '대자존재'라 칭했다.

컵은 있는 자체로 컵이 되지만 인간은 학생이라고 해서 그게 전부가 아니고 식당에 있다고 해서 손님이 다가 아니므로, 늘 존재 안에

▪ 장 폴 사르트르 저, 박정태 역, 《실존주의는 휴머니즘이다》, 이학사, 2008, 내용 참조.

그 자신이자 그 자신이지 않은 공간을 가지게 된다고 설명한다. 이것이 존재 내에 있는 '무'다. 사르트르는 나와 타자의 관계는 단순한 공존이 아니라 틈이 있는 존재와 존재의 공존이라서 번민의 장이 되기 때문에 "타인은 지옥이다"라는 극단적 표현을 했다.

소개팅을 예로 들어보면 낯선 사람과 만났을 때 그 사람의 이름, 나이, 직업 등으로 그 사람 자체를 안다고 할 수도 없거니와 그 장소에 있는 나 자신도 상대가 아는 정보로 다 설명될 수 없는 모습이 있기에 그 공간에 존재들의 빈틈 사이로 어색함과 초조함이 감돈다. 아주 희박한 확률로 첫눈에 압도되는 환상이 무의 영역을 대체할 수도 있겠지만! 그럼에도 사르트르는 타자를 두려워하거나 피하지 말고 매 순간 부딪쳐서 자신의 의식으로 선택을 이어가라고, 노력해야 한다고, 이것이 진짜 자신의 삶을 사는 실존이라고 말한다.

의식이 활동을 멈춘 상태가 무다. 무화작용이란 의식이 사유하고 활동하는 것을 멈추고 어디에 몰입된 상태인데, 이 순간 존재는 자신을 잊는다. 로캉탱이 재즈에 자신을 내맡긴 상태처럼 말이다. 게임에 의식을 내맡기면서 몇 시간을 통째로 무화되기도 하고 텔레비전 프로그램 속으로 무화되기도 하지만, 아렌트의 경고처럼 우리는 날마다 노동과 일 속에서 무화되기도 한다.

우리는 스스로 매 순간의 선택을 통해 '되어가는 존재'다. 과거가 쌓여서 미래를 향해 '되어가는 존재'다. 자유를 열망하지만 책임을 회피하고자 자신의 잠재력에 대한 가능성을 타자에게 맡겨버리는 것은 사르트르에게 '자기기만'이다. 점점 주체성을 상실한 채 적당히 무화되어가는 우리에게 사르트르는 주체를 기만하지 말고 자신의 삶을 살아내라고 말한다. 그는 마치 우리의 의식에게 차라리 '구토'하기를 권하고 있는 것 같다.*

* 자기기만을 경계하고 평생 뜨거운 가슴으로 열심히 실존한 사르트르는 한국전쟁을 북한에 대한 남한의 침범으로 보고 미국과 남한 측을 비판했다는데, 이로 인해 학문적 성향상 친밀했던 동지 메를로 퐁티와 등지고 결별한다. 사상이란 설령 지지하는 입장이 있더라도 사태를 향해 객관적으로 열려 있는 사고를 기본으로 해야 한다는 것을 하이데거와 사르트르를 통해 배우게 된다.

24일

오늘의 키워드: 타자

타자란 누구인가?

에마뉘엘 레비나스

#타자론 #개인 #취향 #사물성 #얼굴 #대칭성

"다른 사람에게 나와 같은 생각을 바라는 것은 폭력이다."

현재 우리 집 서열 1위는 존재만으로 긴장감을 유발하는 중학교 2학년 학생이다. 이 중2생에게 가족과 함께 밥을 먹자고 하면 "왜요?"라고 한다. 방학이라 9시까지 학교에 가야 하는 것도 아니고 지금 배가 고픈 것도 아닌데 왜 다른 식구가 먹는다고 같이 먹어야 하냐며 온 사방에 반항의 기운을 내뿜는다. 사용한 물건을 치우라고 해도 상황은 비슷하다. 먹은 음료수병이나 과자 봉지를 치우라고 해도 역시 "왜! 꼭! 지금! 치워야 하냐"며 모든 것에 토를 달고 성질을 부리는 상태는 갈수록 가관이다. 중2생의 기운은 여타의 설명이나 반론 앞에서 더 꿋꿋해진다. '나는 남이 하는 그 어떤 말도 듣지 않겠다!'는 안하무인을 매일 겪고 있는데, 그래서였을까?

"한 공간에서 같은 대상을 보는 사람들이라도 대상을 향한 입장과 위치, 정보가 모두 다르기 때문에 타인은 절대 나와 동일한 관점을 가질 수 없는 존재다. 나의 의견에 타인의 동조를 바라는 것은 폭력이다!"라는 주장■을 처음 접했을 때, 레비나스(Emmanuel Levinas, 1906~1995)라는 철학자가 내 안의 수많은 울화를 일순 녹여주는 엄청난 치유의 마법사처럼 느껴졌다. 원래 타자가 그런 존재고, 남이 내 말을 듣길 바라는 것이 폭력이라는 레비나스의 주장은 내게 정말 고마운 위안이 되었다.

레비나스의 타자론은 사실 따지고 보면 별다를 것도 없다. 라캉, 사르트르, 들뢰즈, 헤겔의 철학 모두 다 다름의 공존을 말하고 있기 때문이다. 그럼에도 레비나스의 타자에 대한 정의가 유독 큰 감동을 준 이유는 레비나스의 타자는 그냥 타자를 그 자체로 인정하면 끝나는, 그것이 다이기 때문이다. 레비나스가 설명하는 타자를 이해하려면 그의 이력을 알아볼 필요가 있다.

레비나스는 1906년 리투아니아에서 유대인 부모 사이에 태어났다. 이후 1923년 17세에 프랑스로 가서 문학, 종교, 철학 등을 공부했

■ 에마뉘엘 레비나스 저, 강영안 역, 《시간과 타자》, 문예출판사, 1999, 내용 참조.

고, 1928~1929년에는 독일의 프라이부르크대학교에서 후설과 하이데거 아래에서 공부했다. 그후 여러 편의 논문을 통해 후설과 하이데거의 사상을 자신의 관점에서 발전시킨다. 그러나 제2차 세계대전이 발발하자 나치의 유대인 학살 만행에 사랑하는 가족을 오시비엥침(아우슈비츠) 강제 수용소에서 잃고 그 자신도 프랑스 시민으로서 참전했다가 전쟁포로가 되어 강제노역을 겪는다. 이러한 개인사를 겪은 레비나스는 스승 하이데거가 나치즘을 지지한 것에 엄청난 분노를 느끼고 어떻게 인간이 같은 인간에게 이런 끔찍한 만행을 저지를 수 있는지, 전쟁은 대체 왜 일어나는 것인지에 대한 질문으로 그의 철학적 사유의 방향을 결정한다.

이런 자신의 문제의식에 대한 원인을 레비나스는 근대의 타자 개념 때문이라고 생각한다. 제2차 세계대전을 일으킨 '나치즘'이 근대가 잘못 정의한 '개인'에 의한 것이라고 본 것이다. 근대 철학은 개인을 합리적 존재, 자유로운 존재로 정의하고 개인을 모두 자유롭고 평등한 존재로 동일화시킴으로써 집단 안의 모든 개인을 다 '같은 존재'로 정의했는데, 바로 이 점이 문제라는 주장이다.

근대의 주체에 대한 잘못된 진단으로 히틀러가 유대인을 학살했다? 언뜻 다가오지 않는 레비나스의 비판을 쉽게 풀어보자면 '나'를 기준으로 '남'도 나와 같을 것이라는 생각, 즉 내가 늘 오후 4시쯤이면 출출해서 라면이 먹고 싶듯이 내 옆 사람도 똑같이 라면을 먹고 싶어할 것이라고 치부하는 것은 엄청난 문제라는 말이다. 레비나스는 타인의 취향과 입장은 반영하지 않고 어차피 나와 비슷한 개인이라고 생각하는 전체주의에서 히틀러의 나치즘이 발생했다고 보았다. 히틀러는 늘 독일인만이 순수하고 유대인들은 세상에서 사라져야 하는 불순한 민족으로 여겼고 독일 국민 역시 히틀러의 생각과 같을 것이기에 동일한 것을 원한다고 간주해 서슴없이 유대인 학살이라는 만행을 저지르기에 이르렀다는 것이다.

그렇기에 레비나스는 궁극적으로 근대의 자아와 타자 개념을 비판하고 재고해야 한다고 주장했다. "윤리학이 존재론에 우선한다"는 레비나스의 입장은 기존의 근대적 주체 관점의 자아를 거부하고 인간의 주체가 윤리적 측면에서 타자라는 존재를 우선시하지 않으면서 어떻게 자율적 자아를 주장할 수 있는가를 묻는다. 여기서 중요한 것은 그가 말하는 윤리적 측면은 우리가 통상적으로 이해하는 '인간으로서 의무와 책임의 윤리'를 말하는 것이 아니라는 점이다. 그는 나라는 존재, 나의 자아는 타자를 고려하지 않고는 존재할 수 없기에 타자를 올바로 정의해야 자아를 논할 수 있다는 새로운 윤리를 주장했다. 인간의 자율적 자아는 온전히 타자를 바라볼 수 있어야만 비로소 가능할 수 있기에 무턱대고 자유로운 자아의 개인을 주장하는 것은 무의미하다.

레비나스는 타자를 절대적으로 나와 다른 나의 밖에 위치한 존재라고 본다. 그러므로 타자는 세상 속에서 한순간도 내 안에 함입될 수 없다. 타자는 나로부터 철저하게 분리된 존재이며 나와 연결된 존재가 아니기 때문에 이 외부의 존재에게 자신의 시각에 동조하기를 바라는 것을 레비나스는 서슴없이 "폭력!"이라고 선언했다. 레비나스의 관점에서 보면 우리가 받아온 주입식 교육은 물론, 내가 옳다고 생각해서 다른 이들을 설득해온 모든 것이 폭력의 역사다.

레비나스는 그러므로 자기 외부에 있는 타자를 자신의 영역으로 끌어들이려 하지 말고 그의 영역에 머물게 하라고 말한다. 있는 그대로의 존중이 레비나스가 말하는 타자를 사랑하는 방식이다. 이는 레비나스가 그토록 비난했던 스승 하이데거의 "사랑은 그 대상을 있는 그대로 있게 하는 것이다"라는 정의와도 연결된다. 타자를 있는 그대로 인정해주는 것이 사랑이라는 말에 일순 아름다운 감동이 일지만 이는 말처럼 쉽지 않다. 나와 가까운 가족, 친구, 지인이 방종으로 일관한다고 해도, 잘못된 고집으로 파멸한다고 해도, 있는 그대로 인정하는 것이 가능할까? 어디서부터 어떻게, 어떤 태도로 인정하는 것이 온당한 인정일까?

이런 질문에 대해 레비나스는 사물로서의 타자와 타인으로서의 타자를 구분한다. 레비나스가 말하는 사물은 세계를 연결해주는 모든 것이자 세상을 드러내는 것으로서 이 세계는 사물들의 연결 속에 있다. 그렇기에 하나의 사물을 대할 때 우리는 그 사물의 사물성을 보존하는 태도를 취해야 한다. 우리는 하나의 사물에서 세계를 발견해야 하며 그 세계를 보호해야 한다. 이때 우리는 세계의 거주자가 된다. 우리는 사물의 지배자가 아니라 함께 거주하는 존재다. 자연 속 모든 사물은 나와 함께 거주하는 것이지 내가 점거하고 지배하는 물체가 아니다. 그래서 우리는 사물의 사물성을 온전히 사유하는 과정에서 세계를 발견할 수 있다.

타인으로서의 타자는 어떻게 바라보아야 할까? 타인은 사물에서 더 나아가 이 세계에서 나와 함께 거주하는 자다. 레비나스는 이 거주자들과 나 사이에 있는 간격을 '얼굴'이라고 했다. 사람들 사이에는 얼굴이 있다는 것이다. 이 얼굴을 매개로 우리는 서로 만나기 때문에 타인이 얼굴로 내게 다가오듯이 나도 얼굴을 가지고 타인을 대해야 한다. 타인의 얼굴은 내가 선택해 취할 수 없다. 당연히 낯설고 예측할 수 없기에 우리는 단지 타인의 얼굴을 그대로 지각하고 수용할 수 있을 뿐이다. 내가 이렇게 있는 그대로 타자를 수용할 때 타자는 더 이상 나의 존재를 위협하는 침입자가 아니라, 나의 내면의 세계에서 초월을 가능하게 해주는 존재가 된다.

이처럼 타인에 대한 절대타자성이 긍정되어야 타인은 힘들게 극복해야 할 대상이 아니라 나와 함께 세계를 이루는 존재자로 다가온다. 물론 나 역시 내게 다가오는 타인의 얼굴에 대해 나의 얼굴로 대해야 한다. 타인의 얼굴을 피하거나 부정해서도 안 되지만 자신의 얼굴을 감추거나 속여서 드러내도 안 된다. 있는 그대로의 얼굴을 가지고 타인을 그 자체로 대할 때 나는 개인이자 주체가 된다. 레비나스의 윤리는 기본적으로 다른 존재인 나와 타자가 비대칭성(asymétrie) 속에서만 존재할 수 있다고 말한다. 그래서 레비나스는 폭력적 주입으로 타자들을 '종합'할 수 없으며 서로 얼굴로 마주하는 '어울림'이 자리해야 한다고 주장한다.

요즘 예전보다 극도로 양극화되고 분열로 치닫는 사회 집단들로 인해 우리 사회의 미래가 아슬아슬하게 느껴질 때가 많다. 정당, 종교, 지역이라는 테두리로 각각 대칭의 입장으로 대치하고 있는 그들의 주장은 이미 그 자체로 폭력이며 무책임이다. 개인의 얼굴을 숨기고 한 방향의 사상을 강요하는 그들이 타인의 다름을 있는 그대로 인정하고 당당히 나의 얼굴로서 타자의 얼굴을 마주하는 것으로 우리 사회의 어울림이 시작되기를 희망한다.

25일

오늘의 키워드: **차이**

인간의 가능성은 무한대일까?

질 들뢰즈

#차이 #생성 #현대_철학 #포스트모더니즘 #다양성 #루시

"헛된 순간에도 진실이 있다는 것을
우리는 나중에야 깨닫는다. 모든 삶은 각각의 작품이다."

간혹 엄청난 기대를 모으며 개봉 전부터 기다려지는 영화들이 있다. 혹시라도 눈과 귀가 머무는 곳에 '스포일러'가 있을까 조심조심하며 들려오는 정보를 막고 있다가 막상 영화를 보고 나서 실망의 한숨 속에 고개를 저으며 나오는 경우가 있다. 재미없는 것은 그나마 용서가 된다. 최악은 재미도 없는데 이해가 안 되서 영화 해석을 검색해 보며 '재미없는 퍼즐'을 맞추느라 고심할 때다. 다 맞추고 나서도 성취감은 조금도 없는 그런 화나는 상황이랄까?

푸코, 데리다와 더불어 현대 철학을 대표하는 인물로 추앙받는 들뢰즈(Gilles Deleuze, 1925~1995)의 《안티 오이디푸스》(1972)는 내게 그런 영화 같은 책이었다. 철학사에 대한 방대하고도 독창적인 자기만의 사유로 기존 이해와는 전혀 다른 독해를 내놓음으로써 그나마 알고 있던 지식까지 이상하게 꼬아놓는(?) 들뢰즈만의 주장은 아이러니하게도 그를 현대 철학의 독보적 존재로 만들었다.

들뢰즈의 아성은 현대 미술, 건축, 문학, 영화, 미디어에 이르기까지 거의 전 영역에서 위세를 떨치고 있기에 철학사에서는 싫어도 꼭 건너야 할 강이다. 철학사 전반에 그의 입김이 머물지 않은 곳이 없는데 플라톤과 아리스토텔레스를 위시해 고대에서 현대에 이르기까지 거의 모든 철학자를 들뢰즈는 자신의 입김으로 들었다 놨다 한다. 그런 역량을 인정받아 '20세기 형이상학의 완성자' 등의 평가를 얻었으며, 미셸 푸코는 "20세기는 들뢰즈의 세기로 기억될 것이다"라고 말하기도 했다.

이 혜성 같은 철학자 들뢰즈는 1925년 1월 18일 프랑스 파리에서 태어났다. 아버지는 엔지니어였고, 형은 독일군 점령기간에 레지스탕스에 참여했다가 체포되어 오시비엥침(아우슈비츠) 강제 수용소로 향하는 기차에서 사망했다. 들뢰즈는 소르본대학교 철학과를 졸업하고, 1948년 철학으로 교수자격을 취득해 강의를 시작했다. 그가 학문의 활발한 전환을 맞게 된 시점은 68혁명 이후로, 1969년 정신의학자이자 정치적 투사이기도 한 펠릭스 과타리(Félix Guattari, 1930~)와 만나

면서부터다. 들뢰즈는 이때부터 거침없이 사유의 지평을 열어나갔다.▪

펠릭스 과타리와 공저한 《안티 오이디푸스》는 프로이트와 라캉의 정신분석에 관한 담론을 '증상과 병'에 꽂힌 편집증이라고 맹렬히 비판하고 오히려 분열증 환자야말로 자기 욕망에 충실하다며 정신분열을 옹호(?)해 큰 반향을 일으켰다.

뒤이어 《안티 오이디푸스》의 속편이라 할 수 있는 《천 개의 고원》(1980)에서 자본주의는 끊임없이 인간의 욕망을 부채질하는 몸통이라며 체제와 구속을 벗어던지는 실천으로서 '노마디즘(유목주의)'을 제안하고, 박사학위 청구 논문 〈차이와 반복〉(1968)에서는 그의 대표 사유인 '차이의 철학'을 완성한다. 이 논문에서 들뢰즈는 그리스 시대 이후 서양 철학의 근본이 된 플라톤의 이데아 철학의 인식 자체를 뒤집어서 새로운 존재론을 구축했다.

현대 철학의 임무는 플라톤주의의 전복으로 정의되었다. 간단히 요약하자면 이전의 이데아란 '원형(原形)'의 세계로서 우리를 비롯해 모든 사물은 그 원형의 '닮은꼴'이므로 원형에 가까운 것이 더 좋은 것이고 멀어질수록 부정한 것으로 간주되는데, 들뢰즈는 대상과 개체 간의 '차이'에 주목해 그 차이는 곧 기존 대상과 다른 새로운 에너지의 '생성'이므로 결국 모든 차이를 예찬해야 한다고 주장한다. 오히려 원형을 부정하고 '차이를 저주의 상태에서 뿌리째 뽑아내는 것이

▪ 〈철학사52〉, 질 들뢰즈와 펠릭스 과타리, by 이우 posted Apr. 05, 2013, 내용 부분 인용.

차이 철학의 기획'이라며 기존 관념들을 와해시킨다. 오늘날 철학은 들뢰즈가 마련한 이 사유의 영향을 지대하게 받고 있다.

들뢰즈를 향한 이런 환대는 그가 독창적 해석으로 일반적인 경향으로 흘러가던 의식들에 새로운 활력의 도전을 제기했다는 공로의 인정이고, 그의 사유의 전개 방식이 '무엇'이라는 결론을 두지 않기 때문이다. 들뢰즈가 지향하는 철학은 결국 자신의 저서 제목처럼 의식의 '차이'에 의해 각각 새로운 '생성'이 일어나는 것으로서, 우리 삶에 변화가 계속되는 한 그의 주장도 계속 존속할 수 있다.

들뢰즈는 마치 암호처럼 기존 단어조차 저서 안에서 아예 새로운 뜻으로 사용하기 일쑤라서 웬만한 백과사전보다 더 두꺼운 그의 저서를 읽기란 여간 힘든 일이 아니다. 그러나 개개인의 증상을 어떠한 원인으로 규명하고 '이런저런 병'으로 치부하는 기존 정신분석에 대해 단도직입적으로 "○이나 먹어라!"라고 야유하는 문장이 보여주듯이, 들뢰즈만이 던질 수 있는 역발상의 시구들은 비단 정신분석뿐만 아니라 우리 사회의 모든 구석을 다 환기시킬 만한 단초가 된다는 점에서 의의가 크다.

그런 이유로 들뢰즈의 사유는 특히 포스트모더니즘을 지향하는 예술 분야에서 각광받는데, 데리다의 해체주의와 함께 들뢰즈의 '기관 없는 신체'■는 현대 예술작품에서 많이 응용되는 주제다. 각각의

■ 들뢰즈와 과타리가 《안티 오이디푸스》에서 차용한 앙토넹 아르토에게 빌려온 개념으로 유기체화되기를 거부하는 신체를 의미한다.

기관은 어디에나 개별로서 존재하며 끝없이 다른 것과 연결되어 그 어떤 것으로도 새롭게 변형될 가능성이 있다는 주장은 스피노자의 코나투스가 사방으로 연결된 듯한 착각이 들게 한다.

들뢰즈의 저서를 읽고 나면 난해했던 영화들 속에서 희미하게 '저거 혹시 들뢰즈 개념 아니야?' 하는 재해석의 가능성이 열리기도 하는데, 예전에 보았던 뤽 베송 감독의 영화 〈루시〉도 그런 작품이다. 뤽 베송 감독, 모건 프리먼, 스칼릿 조핸슨의 조합만으로도 환상적이었던 이 영화는 한국 배우 최민식이 주연으로 나왔기에 더욱 기대가 컸다. '뇌의 효율이 100퍼센트가 되면 인간은 어떤 존재가 될까?'라는 흥미로운 주제를 다룬 액션영화였는데, 액션영화답게 사투를 벌이는 긴박한 에피소드가 전개되며 영화 말미에 이르면 주인공 스칼릿 조핸슨의 뇌 효율이 100퍼센트를 불과 몇 초 앞둔 극적인 상황이 나온다.

인류의 지난 모든 역사와 생명의 DNA 정보가 조핸슨의 뇌에서 빠르게 정리되고 드디어 끝 장면에 이르는 순간, 숨죽여 답을 기다리는 관객에게 영화는 화면에 떡하니 ○○○ 하나를 띄워놓는다(나만 놀랄 수는 없으니 여러분도 같이 놀랄 수 있는 기회를 위해 자세한 설명은 자제한다). 모든 유기체의 가능성이 실현되면 결국 ○○○가 된다니… 혈압이 솟구치기 직전 다행히 영화는 마지막 장면 하나를 더 보여준다. "나는 어디에나 있다"라는 문장! 모니터의 문자를 통해 결국 루시는 인간이 수많은, 아니 세계 전체의 존재로 실현될 수 있음을 보여준다.

나는 들뢰즈가 말하는 방식이 영화 〈루시〉의 전개 방식과 가장 유사하다고 느꼈다.

모든 가능성으로 남아 있는 존재를 실현하기라도 하듯 1995년 들뢰즈는 기존 가치에 대해 활발한 전복을 이어오던 삶을 돌연 접어버리고 살던 아파트에서 투신해 목숨을 끊었다. 오늘의 현대 철학사는 들뢰즈를 지지하건 지지하지 않건 그의 존재를 어디서나 느낀다. 마치 나는 어디에나 있다는 영화의 엔딩 문구처럼.

쉬어 가기 04

68혁명에 대하여

#68혁명 #베트남전쟁 #프랑스_5월혁명 #프라하의_봄

현대로 진입하는 과정은 물 흐르듯 그냥 지나온 것이 아니다. 근대에서 현대로 이행하는 발걸음마다 전 세계 학생들이 피로 값을 치렀다. 그중 특히 68혁명은 현대 역사를 논하는 데 핵심적 사건이다. 우리나라 역시 동일한 시기에 학생들의 희생을 담보로 자유의식이 성장할 수 있었다. 68혁명에 대해 간단히 살펴보자.

68혁명은 1968년 전 세계 곳곳에서 벌어진 사회 분쟁으로, 군독재 정부나 권위주의적 정권에 맞서 정치적 압력을 받던 이들이 동시대에 확장된 사회운동을 말한다. 이 혁명은 인종주의를 비롯한 여러 차별에 대한 반대뿐 아니라 핵이나 환경오염, 베트남전쟁과 같은 여러 사회문제에 대한 반대 등 모든 사회적, 정치적 이슈를 포함한다.

1968년 3월 프랑스 파리에서 베트남전쟁 반대를 외치며 시위를 한 8명이 전원 구속된다. 이들의 구속 소식에 소르본대학교 학생들이 석방을 요구하며 학장실을 점거한다. 이에 학교 측의 대응은 학생들의 요구 묵살과 교내 무장경찰 투입이라는 조치였다. 급기야 생미셸 대로에 몰려든 학생과 경찰이 대치 국면에 들어가고 경찰봉에 구타당하고 군화에 차이는 학생들의 모습이 텔레비전으로 생중계된다. 그 모습을 지켜보던 학생 지지 세력이 규합하고, 5월 10일 파리 라탱지구에 남녀노소 지위고하에 상관없이 시민들이 모여들어 바리케이트를 쌓아 올리기 시작한다.

기성세대들은 시위 현장의 학생들에게 비난의 눈초리를 보낸다.

"먹고살 만한데 뭐가 문제야?"

학생들은 그들이 원하는 것은 물질이 아니라고 맞선다. 문제는 그들을 옭아매는 사회의 억압 그 자체라고, 기성세대의 권위가 깃든 모든 것이라고 말한다. 기성세대가 "다 그런 것, 어쩔 수 없는 것"이라고 했던 것들이다. 불의와 적당히 타협하며 사람들을 출신과 전공으로 구별하려는 이 꿈쩍도 하지 않는 사회(68혁명 당시의 구호 중 하나)!

그렇게 시작된 시위를 통해 '무엇을 얻어내기 위함이 아니라 단지 자유롭게 주장하기 위한 주장'이 아무도 주도하지 않는 가운데 세계로 번져간다. 그러나 이 시위에 기성세대는 차가운 조소로 맞선다.

"너희들은 몽상가야. 너희들이 주장하는 꼴들을 봐. 그게 과연 피를 철철 흘리고 차를 불태울 만한 큰 가치가 있는 것인지."

그들을 향해 학생들은 반문한다.

"시험성적으로 미래가 결정되지 않고 성별, 종교, 인종으로 차별받지 않으며 소수의 의견이 존중받는 사회. 이게 단지 몽상이라고요? 모든 것은 가능합니다. 단지 당신이 꿈꾸지 않을 뿐."

그러나 당시 프랑스 드골 대통령은 학생들의 공부를 방해하고 노동자들의 노동환경을 위협한다는 명분하에 시위를 더 강력히 진압하겠다고 선포한다. 이에 "차라리 권력을 상상력에게 주고 싶다! 기계의 부속품이 아니라 인간답게 살고 싶다!"라며 노동자들이 정부의 임금 인상 제의를 거절한다. 1969년 10월 국민투표 결과 드골은 국민의 요구를 받아들여 퇴진했으나 당시 외무부장관이었던 퐁피두가 집권한다. 결국 정권교체에 실패한 두 달간의 혁명은 실패한 것일까?

프랑스는 이때부터 대학입학의 동등한 기회를 가지게 되고, 명문대의 이름 대신 대학에 1, 2, 3, 4라는 숫자를 붙인다. 프랑스 사람들은 1968년 이후로 권위를 유발하는 격식과 존칭을 버리고 서로를 '너'라고 불렀으며 여자들은 스타킹을 벗었다. 노동자들도 생미셸 거리를 활보했으며 사람들과 어울려 자유롭게 토론을 했다.

서구권에서 이러한 시위는 민권운동의 전환점이 되었다. 미국의 경우 이 시위는 흑표당 같은 혁명주의 단체를 탄생시켰다. 구정 대공세(베트남전쟁 당시 벌어졌던 대규모 군사 공세 중 하나) 이후 베트남전쟁 반대운동도 확산되어 미국 전역을 비롯해 런던, 파리, 로마 등의 대도시에서 반전운동이 일어났다.

이 시기에 사회주의 운동도 성장했고 서구권 전역에서 자본주의에 대한 반대운동이 일어났다. 서구권에서 일어난 1968년 혁명의 대표적 사례로는 프랑스 5월 혁명을 비롯해 북아일랜드 분쟁, 멕시코의 틀라텔로코 참사,* 브라질 군사정권에 맞선 게릴라 전쟁이 있다.

동구권에서도 언론의 자유 침해와 민권 억압으로 시위가 발생했다. 중앙유럽과 동유럽 전체로 확산한 이 시위를 바르샤바조약기구와 소련 정부는 강경하게 탄압했다. 동구권에서 일어난 1968년 혁명으로는 프라하의 봄, 폴란드 위기, 유고슬라비아 학생시위 등이 있다.

우리나라의 경우, 현재 인권의식이나 행정복지제도는 물론 노동에 대한 사회적 인식에 이르기까지 진일보한 배경에는 서구의 68혁명보다 더 뜨거운 우리 학생들의 피의 함성이 있었다. 군부독재하에 밥그릇 지키기에 급급한 기성세대의 엄포를 무릅쓰고 달려 나온 5·18 광주 시민들의 피, 어린 노동력을 착취하는 참혹한 노동현장의 빛이 되고자 스스로를 불태운 전태일 열사의 피, 민주화를 위한 발걸음마다 전국 학생들이 열사가 되어 흘린 피가 나라를 적셨다. 죽음을 불사한 그들의 인권을 향한 외침 덕분에 우리가 지금의 평안을 누리는 것이다.

- 1968년 10월 2일 멕시코시티 틀라텔로코에서 있었던 학생과 시민 집회에 정부가 공권력을 행사해 집단 학살한 사건이다.

5장

현대

더 나은 공존의 방법은 무엇일까?

사체가 가득한 배 한 척에 의지해 망망대해를 방황하는 난민들, 자동화 기계가 들어설 때마다 휑하니 없어지는 일자리들, 하루가 다르게 녹아 무너지는 빙하로 바닷물에 고립되어 살 곳이 사라진 북금곰들, 여전히 자행되는 사회적 약자들에 대한 학대…. 이 밖에도 매일 우리가 실감하는 현실의 문제들은 여전히 뉴스를 가득 메우고, 이런 문제 뒤에는 우리 의식의 현주소가 있다.

지금 철학자들은 바로 이런 문제와 의식에 대한 논의를 꾸준히 이어가고 있다. 오롯이 '현재'를 바라보고 주장하는 그들의 폭넓은 논의가 닿는 곳에는 '공존'에 대한 시각이 있다. 이 책의 마지막 부분인 이 장에서는 현재 활발한 주장을 이어가는 우리 시대 철학자들을 만나보자.

생명의 존엄에 대해, 환경에 대해, 건강한 사회의 조건에 대해, 재고해야 할 의식에 대해, 철학자들은 여전히 '주체의 인식과 진리'라는 철학의 의식을 통해 각각의 논의를 전개한다.

들뢰즈와 데리다에 의해 부각된 개별적 차이와 해체라는 존재에 대한 관점은 초기에는 생경했으나, 어느덧 우리 삶에 보편적 현실로서 포스트모더니즘 문화로 확인되고 있다.

그러나 아쉽게도 이들은 해체 이후의 담론을 제시하지 않았다. 해체 그 자체로 열린 가치들은 보란듯이 현실 여기저기에서 충돌하고 있지만, 그 안에서도 어느덧 우리가 공유하는 것들이 생겨나고 있다. 결국 현 주체의 모습은 어떠하고, 우리는 어떻게 세상 속에서 공존할 것인가 하는 문제들이다.

이 장에서는 오늘의 철학자들을 통해 우리의 큰 과제인 공존에 대해 함께 생각해보자.

26일

오늘의 키워드: 언어

현대적인 것이란 무엇인가?

위르겐 하버마스

#구조주의 #후기구조주의 #의사소통행위이론

"주체와 대상은 서로 상호주관성을 갖는다."

여기저기서 임홍택 작가의 책 《90년생이 온다》에 대한 이야기가 들려온다. 대세의 이슈에 참여하려 책을 펼치자 '꼰대 테스트'가 보인다. '23가지 질문 중 하나라도 해당된다면 당신은 꼰대입니다'라는 긴장감 200퍼센트의 테스트다. 테스트 결과 1~8개까지는 초보 꼰대, 9~16개는 보통 꼰대, 17~23개는 중증 꼰대라는데, '돌아이 법칙'과 마찬가지로 질문에 하나도 해당되지 않는다면 그 인간이 제일 문제라고 한다. 이 테스트의 취지는 굳이 나이를 따지지 않더라도 우리 모두에게 '꼰대근성'이 있다는 것을 인정하자는 것인데, 개인적으로 내가 생각하는 꼰대는 말해도 소용없는 사람, 그러므로 말 섞기가 싫은 사람이다.

위르겐 하버마스(Jürgen Habermas, 1929~)는 말이 통하는지 안 통하는지가 결국 사회체제 전반의 문제가 될 수도 있고, 또 문제 해결의 가능성이 될 수도 있다고 주장한다. 그는 독일 뒤셀도르프에서 태어나 1961년에 프랑크푸르트대학교 교수로 취임한 이후 아도르노, 호르크하이머의 뒤를 이어 프랑크푸르트학파를 계승하고 있는 2세대 학자다(지금까지의 내공으로 우리는 이제 충분히 이 문장을 이해할 수 있을 것이다).

하버마스의 학문영역은 여러 분야에 걸쳐 방대하다(이젠 놀랍지도 않다). 비판적 사회이론, 담론 윤리학, 법철학, 정치철학에 걸친 다양한 저서 중 그를 대표하는 책은 《의사소통행위이론》(1981)이다. 이 이론은 기존 사회과학의 내용을 당시 주축인 '노동과 분배', '정의', '법', '실존' 등의 방식으로 설명하던 것에서 '언어'로 옮겨와 인간의 사회적 체제의 특성을 '의사소통'으로 바라본다. 그러나 하버마스를 현대 지성의 반열로 주목시킨 이 유명한 이론은 동시에 현대 철학자로서 하버마스를 지금까지 치열한 학계의 논쟁 속에 있게 만든 배경이기도 하다.

아도르노나 호르크하이머 같은 1세대 프랑크푸르트학파는 근대가 강조한 '이성'이 결국 자연환경과 인간에게 착취를 야기한 도구라고 보았다. 하지만 하버마스는 이성에 그런 도구적 측면도 있지만 사회의 장 속에서 부딪히는 개인들이 서로 의사소통을 통해 문제를 해결해나갈 수 있는 가능성이 된다고 주장한다.

《의사소통행위이론》에서 하버마스는 사회적 소통의 주된 요인으로서 합리성과 행위이론, 사회 질서, 그리고 현대성에 대해 진단한다. 이 가운데 '현대성'에 대한 하버마스의 주장은 궁극적으로 그가 현대 철학 전반을 정의한 것이나 다름없기 때문에, 구조주의와 후기구조주의로 일컬어지는 학자들은 이로 인해 서로 팽팽하게 맞선다. 그도 그럴 것이 근·현대 서양의 이성관과 합리성의 문제는 궁극적으로 철학이 이 '현대성'을 어떻게 바라보고 있는가에 대한 것이기 때문이다. 1980년대 이후 인간의 희망이 이성에 있다고 보는 일명 구조주의자들과 이성중심주의와 현대성에 회의를 품고 '해체'를 주장하는 데리다 같은 후기구조주의자들 사이의 논쟁은 여전히 지금까지도 이어지고 있다.

하버마스는 사회문제를 단순히 뉴스에 나오는 빈곤, 계급, 세대의 갈등으로 간주하지 않았다. 그는 사회문제를 공론화하고 자유로운 의사소통으로 대안을 도출할 수 있어야 해방된 현대 사회라고 보았는데 이런 해방된 사회는 이성을 통한 논쟁과 가르침, 곧 계몽을 통해서만 가능하다고 주장했다. 비판이론가들이 비난을 퍼붓던 인간의 합리성을 그는 끝까지 포기하지 않았다. 하버마스는 물질문명의 여러 문제들은 이성 자체의 결함 때문이라기보다 아직 이성이 충분히 실현되지 않은 탓에 생긴 것으로 생각했다.

또 그는 18~19세기 영국, 프랑스, 독일이 발전할 수 있었던 원동력으로 18세기 말까지 독일 곳곳에 존재했던 '작지만 비판적으로 토론하는 공론장'에 주목했다. 이 공론장은 도시민과 부르주아로 구성된 일반 독서 인구가 지속적 독서 습관을 갖는 공동체로서 실행되고 있었다. 그후 프랑스혁명으로 공론장에 정치화 물결이 일어났다. '사회생활의 정치화', 신문의 증가와 검열에 대한 저항투쟁과 언론의 자유를 위한 투쟁은 19세기 중반까지 확장되어가는 공적 의사소통망의 기능 변화를 특징 짓는다.

하버마스는 자유로운 의사소통이 지닌 잠재력을 주목하고, 서구적 유형의 사회에서 복지국가와 조직화된 자본주의로의 복잡한 발전이 지닌 반작용들에 관심을 가졌다. 그런 의식하에 하버마스는 한국의 문제에도 관심을 보여 군부독재 당시 지식인들의 자유에 대한 소신 있는 활동을 폭력적으로 탄압한 한국 정부의 태도를 해외 언론을 통해 질타했다. 하버마스의 저서들은 그가 유신헌법 시절 반체제 인사로 분류된 송두율의 스승이라는 이유로 1986년까지 국내에 입수되지 못했으며, 1980년대 후반에야 조금씩 소개되다가 1990년대 중반에 이르러 번역 보급되었다.

사회 발전에서 의사소통의 중요성을 제기하는 하버마스의 이론은 지금처럼 편파적이고 극단적인 언론이 곧 우리의 극단적 현실의 의식으로 확인된다는 면에서도 그 중요성이 증명된다. 사회 전체를 떠나서 작은 사회인 가족, 학교, 직장에서도 자유로운 의사소통의 환경은 곧 그 집단의 수준과 비례한다는 사례를 우리는 충분히 찾아볼 수 있다. 국민을 대표하는 정치인들의 토론 현장에 막말이 난무한다는 것은 우리 현실이 꼰대들의 손아귀에 휘둘리고 있음을 실감하게 한다. 부디 잘 말하고 잘 들어주는 최소한이 자리 잡는 '현재'가 오기를 바란다.

27일

오늘의 키워드: **주체**

그래서 현대의 철학담론은 어떤 방향으로 이어질 것인가?

알랭 바디우

#인간 #추상성_없는_정치 #공산주의 #사도_바울 #참여

"진리는 있다! 그러나 과정에서만 드러난다."

여기까지 우리는 엄청난 철학의 대장정을 지나왔다. 고대 이전 존재의 기원에 대한 이야기를 시작으로 철학은 시대마다 인간이 과연 어떤 존재인지 물어왔다. 그 과정에서 인간은 이데아의 진리를 향해 매진해야 하는 존재로도, 신의 섭리에 복종해야 하는 존재로도, 무한한 자유를 실현할 수 있는 온전한 존재로도 해석되었다. 이렇듯 시대 흐름에 따라 우리 정체성이 다르게 규명되어온 것이 신기하기도 하고 한편 혼란스럽기도 하다.

근대 철학이 독일 철학자들이 강화한 이성 중심의 주체로 흘러왔다면 현대에 이르러서는 반대로 데리다, 들뢰즈, 푸코 등 프랑스 철학자들의 사조를 따라 해체적이고 무력화된 주체로 흘러가고 있다. '절대적 진리', '구조적 체제'가 부정되고 이성적 주체로서의 인간에 회의를 품는 이 시대에 알랭 바디우(Alain Badiou, 1937~)는 현대가 해체하고 있는 플라톤의 전통적 입장을 꿋꿋하게 주장한다. 데리다, 들뢰즈, 푸코의 사조가 잠식한 포스트모더니즘이 각광받는 시대임을 인정하면서도 그는 주체가 그렇게 분열된 것, 무기력한 것으로만 귀결될 수 있을까 하는 질문으로 현실의 주체를 다시 환기시킨다.

알랭 바디우는 오늘날 프랑스 철학을 대표하는 철학자이며, 극작가이자 소설가이기도 하다. 1937년 모로코에서 태어난 그는 세계적 철학자들(베르그송, 퐁티, 사르트르, 푸코, 라캉, 알튀세르 등)이 다녔거나 강의한 파리8대학과 파리고등사범학교 철학과 교수로 재직했다.

바디우는 대표 저서 《존재와 사건》(1988)에서 수학 공식을 통해 존재와 진리를 설명한다(그는 수학 박사학위도 가지고 있다). 그의 존재론에 따르면 진리는 '검증 가능한 절차'로서 인식할 수 있기에 항상 현상과 절대를 넘나들며 진행된다. 그는 인간이 진리를 추구하는 과정 자체를 진리의 진행으로 설명하면서 진리를 '고정점'으로 이해하는 철학은 오히려 진리를 축소하고 봉합해버리는 것이라고 비판한다. 이렇게 되면 진리는 특정 영역에 그려진 이상도 없고 여러 영역에 걸쳐 부분부분만 나타나는 것, 머무르지 않고 변화하는 것이기에 오히려 없다는 것보다 더 애매하게 들리기도 한다.

바디우는 정치적으로 현대 공산주의 이념을 지지하는데, 공산주의 안에는 그나마 현대 민주주의에 바랄 수 없는 '과정 속의 진리'가 존재할 수 있기 때문이라고 한다. 바디우는 서구 민주주의를 '추상성(철학) 없는 정치'의 대표적 형태이자 플라톤이 말한 저급한 정치의 전형이라고 말한다. 바디우가 민주주의에 대해 '철학'이 없다고 표현한 이유는 정치에 대한 의식도 이상도 없이 '원리와 원칙'을 따지는 민주주의는 기만적이고 이런 민주주의 정치를 떠받치고 있는 것은 결국 자본의 흐름이며, 이렇듯 자본에 기대고 있는 현재의 민주주의는 아무리 창조적으로 뜯어고쳐도 결국 현상유지에 불과해서다.■

그는 자본에 잠식된 민주주의의 한계를 지적하며 공산주의는 그가 말하는 '철학' 있는 의식이 존재한다고 주장한다. 공산주의는 인류의 이상과 철학적 성찰이 있는 정치체제라는 것이다. 이런 바디우의 문제의식이 어느 정도는 타당하게 여겨진다 해도 여기에는 중요한 문제가 있다. 언뜻 생각하기에도 이상적인 공산주의는 역사 속에서 한 번도 제대로 구현된 적이 없으니 말이다. 문제는 결국 인간이다. 철학이, 체제가 아무리 이상적이라도 인간이 결국 그 이상을 주저앉히고 탐욕과 폭력의 역사를 찍어내는데, 그런 인간들의 특성을 논외로 하고 이상을 말하는 공산주의야말로 결국 기만이 아닌가 하는 질문이

■ 〈중앙일보〉 알랭 바디우 인터뷰 내용 중 '진리는 혁명적… 기존 지식체계 깨며 생겨', 2008.1.16. 종합 18면 참조.

남는다.

이에 대해 무신론자인 바디우는 놀랍게도 저서 《사도 바울: 제국에 맞서는 보편주의 윤리를 찾아서》* 에서 바울을 통해 독특한 '주체 철학'을 설명한다. 바디우는 고정되지 않은 진리처럼 주체 역시 '다중적'이라 말한다. 사도 바울은 그리스도의 제자가 아니었다. 당대 권력의 상징이던 로마의 시민권자이자 정치인으로 법을 집행하던 인물이었다. 그는 사도(使徒)가 아니었고 또 유대인들이 진리로 여기는 율법에서 벗어나 복음을 범세계적으로 보편화한 인물이다. 쉽게 말해 정통보수파와 신개혁파가 서로의 정당성을 주장하는 와중에 이들과 전혀 상관없는 참관자가 계보를 확장해 이어간 셈이다. 이런 혁명적인 일이 가능했던 것은 기존 틀에 얽매인 구습을 벗어나 어떤 선입견도 없이 진리 자체를 지향할 수 있었기 때문이다.

바디우가 주목한 사도 바울의 위대함은 그가 로마 안에서만 치고받던 유대인들과 그리스도교인들의 진리를 전 세계의 '보편적인 것'으로 실현했다는 점이다. 기독교는 죽음을 불사한 바울의 고난의 행보에 주목하지만, 바디우는 그가 계시라는 '사건'을 인종에 상관없이 오직 보편성을 향해 구성해낸 것에 초점을 맞춘다. 바디우에게 주체의 구원이란 천국의 형태가 아니다. 어떤 보상의 결과가 아니라 우연한 사건과의 맞닥뜨림 자체이며 보상에 대한 아무런 기대 없이 그 사

* 알랭 바디우 저, 현성환 역, 새물결, 2008. 내용 참조.

건을 실현하는 과정에서만 주체는 편협을 넘어서는 보편의 힘을 가진다. 바디우는 바울을 통해 주체가 되기 위해서는 사건 앞에서 어떤 체제의 틀에 얽매이지 말고 진리 그대로를 사유해야 한다고 말한다.

바디우가 이상으로 삼는 공산주의 철학이 보편이 되지 못하는 것, 민주주의가 언제나 자본이라는 매개에서 투명하지 못한 것은 이미 우리가 진리라는 이념을 바라볼 때 바울처럼 순수한 주체가 아니라 이념과 보상의 틀 안에 있는 존재여서가 아닐까 싶다.

그렇다 해도 '이 시대의 주체가 무력한 것이기만 할까?'라는 바디우의 질문은 그 자체로 우리에게 많은 것을 시사한다. '주체라는 것이 결국은 인간의 역량 안에 있는 것인데 어떻게 강해졌다 약해졌다 하는가? 역사적 사건에 따라 주체가 달라지는 것이라면 우리는 지금 어떤 모습으로 이 세계에 참여해야 하는가?' 등 바디우가 지금 이 순간에도 이어가는 문제에 동참할 필요가 있다.

바디우는 현재의 사건들을 치열하게 받아들이고 지역과 계급, 성별의 그 어떤 시야에도 순응하지 말라고 말한다. 체제에 길들지 않고 보편의 '진리'를 향해 참여할 때 우리 주체는 그 어느 시대보다 강하게 자리할 것이고, 그런 주체들이 채운 현실의 역사는 희망적인 공간이 될 것이라며 우리에게 순수한 시각으로 사건에 동참하기를, 주체가 되어 진리를 실현하기를 제안한다.

28일

오늘의 키워드: **환경**

지구를 위한 인간의 윤리는 무엇일까?

피터 싱어

#종차별주의 #쾌고감수능력 #공리주의 #동물권

"윤리적 삶이란 이 세상의 온갖 고통에 귀기울여
세상을 더 나은 곳으로 바꾸고자 애쓴 전통에 동참하는 것이다."

아파트 맞은편 산자락에 언제부터인가 아파트가 들어설 예정이라고 하더니 며칠 전 오후 굉음과 함께 눈앞에서 산이 폭 무너져 내렸다. 10여 분의 간격을 두고 몇 번의 폭발음이 이어지더니 산이 처참하게 깨져버렸다. 산이 한순간에 사라지다니, 오전에도 사람들이 오르내렸는데 하산 시간에 맞춰 공사를 한 모양이다.

산이 폭파된 뒤 그 앞을 지나쳤던 아파트 주민들은 동물 사체와 미처 숨이 끊어지지 않은 채 폭파에 매몰된 동물들을 보았다고 한다. 흙이 무너져 내려 구덩이에 파묻힌 고라니의 눈에 핏발이 서 있는 모습을 보고 아이들이 놀랄까 봐 주민들이 시청과 시행사에 민원을 제기하자 다음날 산이 무너진 자리에는 커다란 천이 사방에 둘러쳐졌다. 고작 한 겹 천에 처참한 환경이 가려졌을 뿐인데도 사람들은 고통이 당장 눈에 보이지 않으니 다시 편안하게 그 앞을 지난다. 그 안에 여전히 매몰되어 있는 고통은 이제 알 바가 아니라는 듯, 아파트가 얼른 들어서기를 바랄 뿐이다.

피터 싱어(Peter Albert Singer, 1946~)는 인간의 필요로 희생되는 동물들의 고통에 대한 문제를 세상에 꺼내놓은 학자다. 그는 오스트레일리아 멜버른 출생의 철학자로 공리주의 관점으로 생명의 윤리를 바라보는 윤리 전문가이자 동물 해방론자다. 현재 미국 프린스턴대학교 생명윤리학과 교수로 재직중인 그는 저서 《동물 해방》(1975)[■]에서 공장식 농장과 동물실험에서 벌어지는 생명착취의 만행을 고발한다.

동물을 살육하거나 실험 도구로 사용하는 현대 산업은 고통을 피하고자 몸부림치는 동물의 고통을 철저하게 무시하지만 싱어는 이에 대해 쾌고감수능력, 즉 고통과 좋음을 구별해 고통받지 않는 쪽으로 자신의 행동을 선택할 수 있는 능력은 인간만의 능력이 아니기 때문에 동물도 강제로 고통을 당하게 해서는 안 된다는 동물권을 주장한다.

■ 피터 싱어 저, 김성한 역, 연암서가, 2012, 내용 참조.

그는 이것을 '이익 평등 고려의 원리'라고 정의하고 인간이 동물의 이익(좋은 것을 선택할 권리)을 차별하는 것을 '종차별주의'라고 비판한다. 그러나 인간이 추구하는 이익과 동물의 이익은 다르기 때문에 동물을 인간과 동등하게 대우하자는 것은 아니다. 인간은 인간 중심 사고로 동물의 이익을 침해하고 동물의 생명을 무자비하게 착취해왔다. 움직이지도 못하는 좁은 케이지에 몸통이 갇힌 채로 밤낮없이 알을 낳는 닭, 겨울잠을 자다가 산 채로 가죽이 벗겨지는 밍크, 신약 안정성 입증 때문에 눈에 연고를 집어넣은 채 죽어가는 실험 토끼들, 강제로 계속 교배되어 죽을 때까지 새끼를 낳아야 하는 강아지 공장 등. 동물들의 비명소리는 인간의 필요에 따라 다양한 명목으로 더욱 끔찍해졌지만 고통은 복도 끝 캄캄한 실험실 철창 속 또는 오지의 밀림 속에 의도적으로 은폐되어왔고, 인간은 자신의 편의 속에 있는 동물의 사투를 굳이 알려고 하지 않았다.

그렇게 가려졌던 불편한 진실이 피터 싱어의 《동물 해방》에 의해 우리 의식에 출현하게 되었다. 대도시 고급 레스토랑의 멋진 플레이팅 속 품격의 상징이 된 푸아그라와 비좁은 철창에서 간을 부풀리기 위해 산 채로 호스를 꽂고 영양을 주입당하는 거위 사이의 시각적 거리만큼, 우리 의식은 그동안 인간의 편의와 동물의 고통 사이의 간격을 별개의 것으로 멀게 인식해왔다.

이런 상황에서 싱어는 우리가 회피하고 싶어하는 동물의 고통에 대해 종차별주의를 주장하며 인식을 재고시켰다. 그는 인간이 성차별, 인종차별을 하는 것처럼 인간 이외의 동물을 존재 자체로 차별하고 있다며 이를 종차별주의라 칭했다.

그리고 이 차별의 부당함을 피력하기 위해 '평등'에 대해 이야기한다. 즉 과거 백인과 흑인의 차별에서 '피부색 차이는 각각의 고유성이므로 차별해서는 안 된다'는 관점에 대해 '차이가 없어서 평등한 것'이 아니라 어떤 종족과 인종 사이에 설령 차이가 있다 하더라도 평등하게 바라보아야 한다는 것이다. 차이가 없어서 평등하다는 것은 곧 차이가 있으면 차별해도 된다는 위험한 전환이 될 수 있으니 싱어의 주장은 매우 설득력이 있다.

동물 해방의 필요성에 대해서도 싱어는 동물 해방의 인식에 동물 애호의 태도가 필요하지는 않다고 말한다. 좋아하지 않아도 옳은 것을 지지하는 것이 당연하기 때문이다. 흑인 노예 해방을 지지하는 데 꼭 흑인을 좋아하지 않아도 그 지지가 당연하듯이, 싱어는 '불쌍하니까 도와주자'가 아니라, 우리가 하는 착취가 부당하기 때문에 동물의 이익을 고려해야 한다고 주장한다.

자신이 딱히 좋아하는 분야나 관심사가 아니어도 부당함에 대해서는 문제의식을 가질 수 있는 법인데, 이 당연한 주장이 참신하게 느껴지는 것은 그동안 내가 보고 싶은 것, 듣고 싶은 것만 취하고 살았기 때문일까.

싱어의 이런 주장은 동물권에만 기반을 둔 것이 아니다. 공리주의에 입각한 싱어의 이론은 비단 동물권 외에도 자연환경, 낙태, 안락사 등 생명 전반에 관한 것으로, 《동물 해방》 역시 인간 사회에 만연한 종차별에 대항하려는 의식을 다룬다. 그는 동물을 착취해 이익을 얻는 현대 산업에 대해 금전적 동기를 줄일 수 있는 점진적 방법으로 채식의 장점을 들어 종차별주의의 개선 방법을 차근차근 설명한다. 피터 싱어는 이성적 논리를 통해 인간의 인식에 대한 문제를 환기하는 것은 이성이 더 보편적이고 호소력이 있다고 생각하기 때문이라고 강조한다.

우리는 앞에서 계속 깨어 있는 이성이란 무엇인지, 존재는 그 이성을 어떻게 실현해나가야 하는지에 대한 철학적 주장들을 살펴보았다. 내가 사는 아파트 거실에서는 흰 천에 둘러싸인 앞산이 훤히 들여다보인다. 혐오스러운 폭파 현장은 천 한자락 뒤로 가려지는 순간 금방 기대와 희망의 가치로 탈바꿈한다. 시선이 그 터에 머무를 때마다 "좋아하지 않아도 지지할 수 있다"는 피터 싱어의 주장이 자꾸 떠오른다.

아파트 시행사는 철저한 종차별주의자들일까? 시행사는 여유 있게 공지를 하고 안전한 조치를 통해 산짐승들을 이웃한 숲길로 피신시킬 수도 있었을 것이다. 당연히 해당 관청은 그런 집행을 관리감독했어야 한다. 그러나 그들은 민원에만 급급했던 것 같다. 그들은 등산을 원하는 주민의 눈치를 보느라 어둑어둑해서 사람들이 하산한 오후로 폭파 시간을 미루었을 테고, 온종일 사람들에게 내주었던 터전에서 그제야 슬슬 나오기 시작한 동물들은 그 때문에 더 많은 피해를 당했을 수도 있다. 이제 우리는 눈앞에서 이렇게 알랑하게 가려지는 불편한 진실들을 향해 '가려달라'가 아니라 '알려달라'고 해야 하지 않을까?

29일

오늘의 키워드: 평등

타인을 향한 열등감의 표현은 무엇일까?

마사 누스바움

#○○충 #프란츠_카프카 #변신 #혐오 #포용 #공감

"자유주의 사회란 모든 개인의 평등한 존엄만큼
개개인의 취약성을 인정하는 기반 위에 있는 사회다."

언젠가부터 '○○충'이라는 표현이 부쩍 많아졌다. 여러 단어에 '충'이라는 낱말을 붙여 자신과 다른 집단을 '벌레화'하는데, 별것 아닌 듯 사용하는 이 말에 주목해보면 거의 오싹해지는 수준이다. 짐승도 아니고 벌레라니. 말 그대로 나와 생각이나 생활 환경이 다른 부류의 사람들은 이제 더 이상 사람이 아니란 말인가.

프란츠 카프카는 알까? 자신의 작품 《변신》 속의 그레고리들이 이 시대의 표상인 것을. 《변신》은 하루아침에 벌레가 되어버린 그레고리가 돈을 버는 사회적 기능을 잃게 되자 급기야 가족에게까지 죽었으면 좋을 '혐오의 존재'가 되어 고의적 방치 속에 죽어간 이야기다. 참 씁쓸한 소설인데 오늘날 그 소설은 인간을 나이, 계급, 성, 이념 등을 기준으로 벌레로 다양하게 나누는 '실제 상황'이 되어버렸다. 왜일까? 카프카가 자본주의 시대의 인간이 '돈 버는 수단'으로 전락한 체제를 비판한다면, 오늘날의 '충배틀'은 그 이유를 주체의 불안 속에서 찾을 수 있을 것이다. 나의 존재가 타자에 의해 규정당하기 때문에 타자가 나를 이상하게 보기 전에 내가 먼저 타자를 낙인찍는 것! 법철학자 마사 누스바움(Martha Nussbaum, 1947~)은 타자를 먼저 벌레로 규정하는 혐오 뒤에는 저열한 의식이 숨어 있다고 경고한다.

《혐오와 수치심》(2015) 《혐오에서 인류애로》(2015) 《분노와 용서》(2018) 《인간성 수업》(2018) 《타인에 대한 연민》(2020)▪ 등 저서의 제목에서도 알 수 있듯, 마사 누스바움은 현시대 인간의 혐오에 자리한 굴절된 수치심과 불안에 주목한 미국의 법철학자다. 현재 시카고대학교 강단에서 후학을 양성하는 누스바움은 우리 사회의 '편견과 혐오'에 꾸준히 주목하면서 오늘날의 인류와 공동체에 대한 문제의식을 제기해왔다. 현대인의 의식에 차별로서의 혐오가 자리 잡게 된 배경을 고대 그리스·로마 시대 철학자들의 사상과 심리학, 사회학, 역사학, 동물학 등 광범위한 영역을 통해 조명하고 베트남전쟁과 걸프전, 9·11

▪ 저서 옆의 연도는 우리나라에 누스바움 책이 번역 출간된 연도다. 이 연도가 말해주듯이 진보적 지식의 석학으로 존재를 굳혀왔던 누스바움은 우리 사회에서 최근 들어 주목받기 시작했다.

테러 등 과거에 목도한 체험과 연관해 구체적으로 인류와 공동체에 대한 대안의 담론을 저서 전반을 통해 제시한다.

누스바움은 인간의 가장 내밀한 정서인 두려움은 시기와 분노로 표현되는데, 이 분노의 반발적 의식이 저열하게 차별로 굴절된 것이 혐오라고 말한다. 또 모든 시대마다 대중의 두려움을 이용한 인종차별, 여성 혐오, 동성애 혐오, 무슬림 혐오 등 정치인들이 조장한 혐오에 의해 민주주의 의식이 파괴되어왔다고 비판한다. 민주주의 사회에서 사람을 존중한다는 것은 '각자가 삶에서 소중하다고 생각하는 것에 대해 각각 존중과 경의를 보여줄 수 있는 것'이며, 덧붙여 자유주의적 사회란 '시민이 자유를 위한 제도를 평화적으로 사회와 합의하여 공존하는 사회'이기에 누스바움은 '차별과 혐오가 어디에 얼마큼 몰려 있는가로 민주주의 수준을 논할 수 있다'고 말한다.■

우리 사회는 지금 정작 개개인은 '욜로(You Only Live Once, YOLO: 현재의 행복을 가장 중시하는 태도)'를 인생의 화두로 삼고 자유의 소중함에 집착하면서도, 타인의 '소중한 것'에는 혐오의 시선을 입혀 낙인을 찍곤 한다. 낙인이란 고대부터 노예나 짐승, 범죄자에게 행해지던 형벌적 기원이 있는 것으로, 대상에게 수치심과 좌절을 경험하게 하고 그로 인해 무력해진 신체는 낙인을 찍는 집행자의 통제를 받게 된다.

■ 마사 누스바움 저, 조계원 역, 《혐오와 수치심》, 민음사, 2015, 참조. 혐오에 관한 또 다른 연구자인 법이론가 밀러도 "한 사회의 문명화 정도는 정상적인 것과 혐오를 불러일으키는 것 사이에 놓인 장벽을 통해 평가될 수 있다"고 주장한다.

한 집단이 서둘러 다른 집단을 낙인찍는 혐오의 문화는 곧 우리 사회의 민주주의 의식지수를 보여주는 반증일 것이다. 이런 성별, 나이, 직업 등에 의한 다양한 편 가르기에 배어 있는 본질인 혐오에 대해 누스바움은 그 대안으로 "타인의 인간성을 포용하면서 그들이 저질렀을지 모르는 잘못된 행동만을 반대해야 한다. 그래야 동료 시민들의 말과 행동에 찬성하지 않더라도 그들을 친구로 여길 수 있다. 하지만 두려움과 비난, 보복을 통해서는 타인에게서 어떤 선함도 찾을 수 없다"■고 말하며 포용의 중요성을 주장한다.

"말이 쉽지 어떻게 말도 섞기 싫은 혐오스러운 인간을 포용할 수 있을까? 겉으로 포용하는 태도를 보인다고 해도 진심이 아니라면 그 또한 위선이 아닐까?"라며 난색을 표하는 질문에 대해 준비한 듯 누스바움은 인간의 본질적 감정 중 긍정적인 것, 즉 공감(compassion)의 본성을 강조한다. 인간 감정의 뿌리에서 두려움, 불안을 통해 출현하는 혐오감과 같은 저열한 의식은 개인과 개인이 다양한 화두를 토론하고 나누는 실생활의 관계 속에서 성장할 수 있다는 것이다.

누스바움은《타인에 대한 연민》에서 로마공화정 시대의 탁월한 사상가이자 웅변가인 키케로의 저서《노년에 대하여》를 인용해 공감의 역량은 나의 부족한 부분과 타인의 부족한 부분을 포용할 수 있는 에너지이며 타인과 나를 연대시키는 건강한 사회의 자원이 되므로,

■ 마사 누스바움 저, 임현경 역,《타인에 대한 연민》, 2020, p. 129에서 인용.

서로가 관계 속에서 다양한 담론을 나누는 것을 통해 공감의식이 성장해나갈 수 있다고 설명한다. 누스바움은 '우리 사회의 희망은 혐오를 멈추는 것에서부터 시작된다'는 분명한 메시지를 통해 우리 공동체가 위기 속에서도 건강하게 발전해가기를 오늘도 열심히 당부한다.

30일

오늘의 키워드: 인권

왜 역사에는 늘 무력한 생명체가 존재할까?

조르조 아감벤

#조에 #비오스 #호모_사케르 #예외상태 #주권 #잠재태

"우리는 주권자인 동시에 언제든 벌거벗은 생명일 수 있다."

봉준호 감독의 영화 〈설국열차〉에는 우리 시대 계급을 풍자하듯 앞칸과 꼬리칸 사이에 양극화된 사람들이 나온다. 앞칸은 재난이나 다른 이들의 배고픔은 나 몰라라 한 채 열차 안에서 춤추고 차 마시고 안락을 누리는 부자들의 공간이다. 꼬리칸은 어떻게든 살겠다며 매달린 무임승차자들의 공간이다. 열차의 스토리는 꼬리칸에 집중된다. 꼬리칸의 지도자 '커티스'는 17세 때 겨우 열차에 탑승했으나 그 어떤 지원 없이 꼬리칸에서 생존해야 했다.

이후 영화는 커티스를 필두로 반란을 일으킨 꼬리칸 사람들이 칸막이를 부수며 앞칸으로 한 칸씩 나아가며 전개된다. 그런데 드디어 제일 앞칸에 도달한 커티스는 열차 설립자 '윌포드'의 방에서 너무나 충격적인 이야기를 듣는다. 꼬리칸은 반란이 일어날 것을 계산해 열차의 인구를 조절하기 위해 의도적으로 설계한 것이라는 윌포드의 말에 커티스는 혼란에 빠지고 만다. 영화 〈설국열차〉가 말하고 싶은 것이 단순히 극단적 빈익빈부익부에 대한 풍자일까? 우리 사회의 전복은 내몰린 서민들이 앞칸의 주인이 되는 것이 아니라, 이 권력체제에서 벗어나 완전히 새로운 체제를 만드는 것이라는 의미는 아닐까?

플라톤의 철인정치에서 아리스토텔레스, 홉스, 로크를 거쳐 정치철학 사상은 인간의 생명에 대한 지배와 통치에 대해 꾸준히 이상적인 모습을 제시해왔다. 아리스토텔레스는 《니코마코스 윤리학》에서 "인간은 정치적 동물이므로 폴리스를 떠나서는 살 수 없다"고 했다. 그는 폴리스를 정의하면서 가족 같은 자연적 생명을 '조에(zoe)'로, 사회적 생명을 '비오스(bios)'로 규정하며, 자연적 생명이 사회적 생명을 실현할 수 있으려면 스스로 공동체의 규범과 질서를 선택해 폴리스 안에 포함되어야 한다고 보았다. 조에는 비오스의 기반이지만 비오스는 조에가 아니므로 조에는 폴리스의 형식을 충족해야 한다면서 폴리스 내 생명의 조건을 분명히 구분한다. 즉 폴리스에 포함된 생명과 폴리스 밖 '예외의 생명'을 언급하는 것이다.

우리 시대 사유의 거장으로 주목받는 이탈리아의 철학자 조르조 아감벤(Giorgio Agamben, 1942~)은 바로 이 '예외상태의 생명'을 주권 권력의 핵심이라고 본다. 아감벤 이전 독일의 정치철학자 카를 슈미트(Carl Schmitt, 1888~1985)는 이 예외상태에 주목해 "권력의 집행자인 주권자는 예외상태를 결정하는 자이다"라고 주장했다. 주권자의 초월적 권력은 평상시에 가려져 있다가 비상시에 그 힘을 드러낸다는 것이다. 주권자는 각각 분립된 조직의 장으로서 보고받고, 시찰하고, 외국 정상을 만나서 국익을 대변하는 국민의 대리인인 듯 보이지만 어떤 사태가 발생했을 때 독단적으로 자신을 위해 계엄을 선포할 수도, 마음대로 법을 집행할 수도 있다. 그로 인해 수용소, 난민, 무적자 등으로 내몰리는 이 예외상태의 생명은 어느 시대에나 존재했으며, 주권자의 권력에 이용(?)된 배경이기도 하다는 것이 아감벤의 주장이다.■

그래서 그는 주권 권력은 제정 권력이 아니라 제헌 권력을 전제로 해야 한다고 말한다. 즉 헌법이 제정될 당시의 권력은 만약 그 집행자(권력자)에게 모순이 있어서 다시 제정해야 할 경우 결국 그 제정 권력에게 허락을 받아야 하는 모순된 구조이기 때문에, 주권 권력은 제정 권력이 아니라 애초에 헌법이 규정될 당시의 권력, 즉 제헌 권력을 전제해야 한다고 보았다. 보통 '당연한 거 아니야?'라고 생각하지만, 여기서 카를 슈미트는 총통의 권력이 곧 제헌 권력이라고 주장한다.■■

러시아의 레닌주의도 이런 입장이다. 총통은 인민의 뜻과 함께하

■ 조르조 아감벤 저, 박진우 역, 《호모 사케르: 주권 권력과 벌거벗은 생명》, 새물결, 2008, 서문 참조.

■■ 히틀러를 염두에 둔 주장으로, 카를 슈미트는 친나치주의자였다.

는 힘이기 때문에 총통이 곧 법이고 총통이 제헌 권력이라고 본 것이고, 자유민주주의는 그것을 총통이 아닌 성문법 속에 둔 것이라는 말이다. 아감벤도 카를 슈미트의 주장을 지지한다.

아감벤은 주권에 대해 제헌적이니 제정적이니 하는 기존 담론은 다 사기이고 사실 주권이라는 것, 자유민주주의 같은 것도 허상일 뿐 주권의 본질은 예외상태의 벌거벗은 신체 '호모 사케르'에 대한 권력이라고 주장한다. 1995년부터 '호모 사케르' 연작을 선보이며 시대 상황을 이해하려는 사람들에게 정치철학의 바탕이 되어온 주요 개념인 언어, 인권, 주권 등을 현대적 시각으로 해석해온 아감벤은 '호모 사케르'라는 용어로 주권의 본질을 통해 오늘날 우리 상태를 설명한다.

호모 사케르는 고대 로마에서 추방당한 죄인을 가리키던 용어였다. 딱 여기까지만 이해하면 좋겠지만 '호모 사케르'를 이해하는 핵심은 이들이 법적으로 사형을 당하지는 않지만 시민으로서 '비오스'의 지위를 잃었기 때문에 '살아있는 신체', 즉 '조에'로만 생존이 가능하다는 것이다. 따라서 심한 경우 이들은 '살해는 가능하나 제물로는 쓸 수 없는' 존재가 된다. 그런데 아이러니하게도 로마 시대 '호모 사케르'의 뜻은 '신성한 자'라는 것이다. 병 주고 약 주는 것도 아니고, 살해 가능한 죄수인데 신성하다고 하면서 그 몸은 제단에 올릴 수 없는 부정한 것이라니 무슨 말일까? 잘못 이해했나 싶은 이 모순은 신성 안에 신의 저주도 포함되기 때문이란다. 저주받은 것을 제단에 올릴 수는 없으니 제물로도 쓸 수 없고 인간의 법으로도 돌보지 않겠다니 최소한 사형 때까지는 돌봐주는 사형수만도 못한 셈이다.

아감벤은 주권이 바로 이 호모 사케르를 이용한다고 말한다. 힘을 가진 주권과 극단에 있는 호모 사케르는 주권자의 추방령으로 생겨나는데, 인간의 생명을 무조건적 살해 가능성에 노출시킴으로써 주권자는 기존 질서를 유지할 수 있는 권력을 갖는다. 대체 어떤 범죄를 저지르면 이런 참담한 처지로 전락하는 것일까? 자식이 부모를 폭행하거나 신분 질서, 재화의 분배 규칙 등을 위배하는 등 제정 권력의 룰, 즉 '선'을 넘을 때 그렇게 되지만 주권자에 의해 명분은 충분히 바뀔 수 있다. '선을 넘으면 이렇게 된다!'는 것을 보여주는 호모 사케르의 전시(?)는 고대 이래 시대마다 존재해왔다.

마치 영화 〈설국열차〉의 꼬리칸이 애당초 윌포드에 의해 계획적으로 설계된 것처럼 아감벤은 현대 정치도 일부러 예외적인 상황, 즉 호모 사케르를 만들어 통치 권력을 강화해왔다고 말한다. 커티스가 최종으로 부순 칸막이는 앞칸으로 가는 칸막이가 아니라 아예 기차 외부로 나가는 칸막이다. 그들이 부순 것은 계급이 아니라 체제를 지배한 의식이다.

아감벤은 권력의 의도적 생명 배제와 통치라는 이 역설에 대해 우리가 선택할 수 있는 것을 아리스토텔레스의 잠재태에서 차용한다. 연주를 할 수 있는 능력이 있지만 하지 않고 집을 지을 수 있지만 짓지 않을 수 있듯이, 국가 권력이 몰아가는 방향에 맞서 '하지 않음'으로써 통치의 구조를 무화시키는 방식으로 우리가 권력을 벗어난 새

로운 존재가 될 수 있다는 것이다.■

'그러면 일하지 말라는 것인가? 사회가 혼란에 빠지는 것 아닌가?' 라는 의문을 유발하는 그의 주장이 일순 당황스럽지만, 아감벤의 핵심은 더 이상 체제라는 명분으로 인간에게 자행되어온 어떤 방임도 유기도 정당하지 않으며, 체제의 전략을 들여다보는 의식을 가지고 주체의 신체와 생명이 지닌 가치를 우리 스스로 도모해나가야 한다는 것이다. 〈설국열차〉의 커티스가 최종으로 부순 것이 앞칸으로 가는 칸막이가 아니라 열차 외부로 나가는 열차의 외피였던 것처럼, 우리가 부술 것은 체제가 주입한 관념이라고 말이다.

■ 조르조 아감벤 저, 박진우 역, 《호모 사케르: 주권 권력과 벌거벗은 생명》, 새물결, 2008, p. 113~114 참조.

철학사를 정리하면서 어쩌다 철학을 공부하게 되었는지 자문해보았다. 그리고 딱 하나 정말로 어렵게 찾아낸 답이 있다. 왜? 왜 그렇다는 거지? 왜 해야 하는 거지? 등 내 현실에는 늘 '왜?'가 많다. 다른 사람들이 당연히 그렇다고 인정하는 것들에 수긍도 잘 안 한다. 대부분 '그건 네 생각이고 나는 내 갈 길 간다'는 태도를 취하는데, 그래서 어렸을 때 야단도 많이 맞았다.

헤겔을 공부할 때 교수님께서 "철학을 전공한다고 하면서 내 전공이 들뢰즈다, 칸트다 하는 것만큼 무지한 것도 없다"고 하셨다. 철학을 하나도 모르는 사람만이 그렇게 말할 수 있다는 말씀이었는데, 그 순간 '그럼 내가 전공하는 것은 '이것'이겠구나' 하는 생각이 스쳤다. 내 전공은 '연민'이다.

어제 다르고 오늘 다른 세상의 변화에 대한 연민, 말 하나 생각 하나 차이에 고성을 지르며 담을 쌓는 사람들에 대한 연민, 추운 겨울 쓰레기봉투 주위를 배회하는 고양이들에 대한 연민, 북극곰과 난민 그리고 학대 속에 죽어간 어린 생명, 눈앞에서 무너지는 산 등 실로 넓은 생의 전반에 대한 연민, 이것이 내 전공이다. 그런데 공부하는 마음으로 시작한 고대부터 현대까지의 철학 의식의 흐름 속에서 나는 신기하게도 매번 철학자에게 내가 느끼는 이 비슷한 감정, 연민을 느낄 수 있었다. 그리고 그 감정은 결국 '더 나은 공존'이라는 방법을 고민하게 만든다.

철학은 한순간도 우리 삶과 떨어진 적이 없으며 우리 삶 속 생명의 수만큼 다양한 모습으로 존재한다. 철학자들이 삶과 질문에 대해 답을 찾는 방식이 제각각 다르듯 나 역시 이 '연민'에 대한 철학적 과제를 나만의 방법, 왜 그래야 하는지, 왜 하면 안 되는 것인지, 왜 드러나지 않는지의 질문으로 완성해갈 것이다. 그런 과정 과정에 철학자들이 지금처럼 거인의 어깨가 되어 나의 시각을 환기해줄 것을 믿는다.

이 책을 읽는 여러분 또한 여기 철학자들을 통해 확인하고 싶었던 것이 단지 그들의 삶을 잠깐 들여다보려는 일순의 충동이 아니라, 여러분 각자의 문제의식에 대한 연대감 아니었을까 싶다.

독자들이 '내 의지의 실천이 세상을 움직이는 중핵이 된다'는 철학자들의 증언을 체험하는 한 해를 누리길 바라며 책을 마무리한다.

2021년 7월

윤주연

참고자료

참고도서

김형석, 《서양철학사 100장면》, 가람기획, 1994

플라톤, 《향연》(정암학당 플라톤 전집-10), 이제이북스, 2014

장영란, 《플라톤의 교육》, 살림출판사, 2009

아리스토텔레스, 《니코마코스 윤리학》, 강상진·김재홍·이창우 옮김, 길, 2011

플라톤, 《소피스트》, 이창우 옮김, 아카넷, 2019

이상익, 《본성과 본능》, 심산, 2017

엔서니 케니, 《중세철학》, 김성호 옮김, 서광사, 2010

토마스 홉스, 《리바이어던 1》, 진석용 옮김, 나남, 2008

질 들뢰즈, 《스피노자의 철학》, 박기순 옮김, 민음사, 2001

케빈 오도넬, 《30분에 읽는 데카르트》, 이영아 옮김, 랜덤하우스코리아, 2005

김상환, 《왜 칸트인가》, 21세기북스, 2019

서울대학교 철학사상연구소, 《마음과 철학 서양편 상(플라톤에서 마르크스까지)》, 서울대학교출판문화원, 2012

강성화, 《헤겔 법철학》, 서울대학교 철학사상연구소, 2003

심옥숙, 《헤겔 역사철학 강의》, 주니어김영사, 2019

뤼디거 자프란스키, 《니체》, 오윤희 · 육혜원 옮김, 꿈결, 2000

쇠렌 키르케고르, 《죽음에 이르는 병》, 박환덕 옮김, 범우사, 1995

프로이트, 《정신분석 입문》, 최석진 옮김, 돋을새김, 2015

박정호·양운덕·이봉재·조광제 엮음, 《현대 철학의 흐름》, 동녘, 1996

해나 아렌트, 《예루살렘의 아이히만》, 김선욱 옮김, 한길사, 2006

해나 아렌트, 《인간의 조건》(제2판), 한길사, 2019

이기상, 마르틴 하이데거 원저, 《존재와 시간》, 살림출판사, 2008

엘리자베트 루디네스코, 《자크라캉 1》, 양녕자 옮김, 새물결, 2000

엘리자베트 루디네스코, 《자크라캉 2》, 양녕자 옮김, 새물결, 2000

자크 라캉, 《욕망 이론》, 권택영 옮김, 문예출판사, 1998

장 폴 사르트르, 《실존주의는 휴머니즘이다》, 박정태 옮김, 이학사, 2008

에마뉘엘 레비나스, 《시간과 타자》, 강영안 옮김, 문예출판사, 1999

알랭 바디우, 《사도 바울》, 현성환 옮김, 새물결, 2008

피터 싱어, 《동물 해방》, 김성한 옮김, 연암서가, 2012

마사 누스바움, 《혐오와 수치심》, 조계원 옮김, 민음사, 2015

마사 누스바움, 《타인에 대한 연민》, 임현경 옮김, 알에이치코리아, 2020

조르조 아감벤, 《호모 사케르》, 박진우 옮김, 새물결, 2008

참고영상

인문학 유치원 https://youtu.be/Sl2Mx1jAhEs

아트앤 스터디 https://www.youtube.com/channel/UCpmAiWIGtd6dgOzKHnuHS4Q

참고저널

서울대학교 철학사상연구소, 한국철학사상연구회

EBS 30일 인문학

처음 하는 철학 공부

초판 1쇄 발행 2021년 8월 25일
3쇄 발행 2023년 2월 25일

지은이 윤주연

펴낸이 김유열 | **지식콘텐츠센터장** 이주희
지식출판부장 박혜숙 | **지식출판부 · 기획** 장효순, 최재진, 서정희
마케팅 최은영, 이정호 | **인쇄** 윤석원
북매니저 윤정아, 이민애, 정지현, 경영선

책임편집 김시경, 윌링북스 | **디자인** 김규림 | **인쇄** 우진코니티

펴낸곳 한국교육방송공사(EBS)
출판신고 2001년 1월 8일 제2017-000193호
주소 경기도 고양시 일산동구 한류월드로 281
대표전화 1588-1580 **홈페이지** www.ebs.co.kr
전자우편 ebs_books@ebs.co.kr

ISBN 978-89-547-5892-5 04100
978-89-547-5891-8 (세트)